英语翻译理论与实践应用研究

孙武林 ◎ 著

吉林出版集团股份有限公司

版权所有　侵权必究

图书在版编目（CIP）数据

英语翻译理论与实践应用研究 / 孙武林著. — 长春：吉林出版集团股份有限公司，2023.10
ISBN 978-7-5731-4369-3

Ⅰ．①英… Ⅱ．①孙… Ⅲ．①英语—翻译—研究 Ⅳ．①H315.9

中国国家版本馆CIP数据核字（2023）第191499号

英语翻译理论与实践应用研究
YINGYU FANYI LILUN YU SHIJIAN YINGYONG YANJIU

著　　者	孙武林
出版策划	崔文辉
责任编辑	刘虹伯
封面设计	文　一
出　　版	吉林出版集团股份有限公司
	（长春市福祉大路5788号，邮政编码：130118）
发　　行	吉林出版集团译文图书经营有限公司
	（http://shop34896900.taobao.com）
电　　话	总编办：0431-81629909　营销部：0431-81629880/81629900
印　　刷	廊坊市广阳区九洲印刷厂
开　　本	787mm×1092mm　1/16
字　　数	235千字
印　　张	13.5
版　　次	2023年10月第1版
印　　次	2024年1月第1次印刷
书　　号	ISBN 978-7-5731-4369-3
定　　价	78.00元

如发现印装质量问题，影响阅读，请与印刷厂联系调换。电话0316-2803040

前　言

　　进入 21 世纪以来，中国已全面融入经济全球化、知识信息化的浪潮，在以和平与发展为时代特征的地球村中扮演着越来越重要的角色，同时面临着越来越多的机遇和挑战。随着我国与国外经济、文化等方面交流的增多，对外语人才的数量、质量、层次和种类提出了更高的要求。英语作为一门国际通用语言，已成为国际社会广泛采用的交流工具，越来越多的人将它作为第二语言或外语进行学习和使用。随着科学技术和全球化的进一步发展，英语的重要性无疑会更加凸显。

　　随着研究视野的不断拓宽，人们意识到翻译已不再是简单的两种语言文字间的符号转换，而是一种社会文化情境中的交际行为。翻译已经成为新形势下的热点，各行各业对翻译的需求量越来越大，对翻译的研究也越来越深入。翻译研究已经脱离了源语和译语两种语言系统的静态描写，更多地向语言学的各个方向探索。

　　本书从语言及英语概述入手，先是介绍了英语翻译的基本内容、英语翻译的现状及解决方法、英语翻译过程，并详细地分析了英语翻译常用方法和技巧、英语词汇翻译技巧，接着重点探讨了英语中各种文体的英汉翻译应用及翻译工作者的职责和修养等内容。

　　本书在写作过程中，笔者向许多专家和同行虚心求教，得到了他们的无私帮助。本书也参考了诸多专家学者的文献资料，在此一并表示感谢。由于水平有限，书中难免出现错误，欢迎读者指正！

目 录

第一章 语言及英语概述 ··· 1
  第一节 语言的文化属性 ··· 1
  第二节 英语语言概说 ·· 4
  第三节 英语语言的发展 ··· 6

第二章 英语翻译概述 ·· 19
  第一节 英语翻译的定义与分类 ··· 19
  第二节 英语翻译的功能与作用 ··· 25
  第三节 英语翻译的原则与标准 ··· 33

第三章 英语翻译的现状及问题的解决方法 ·· 35
  第一节 英语翻译的历史与现状 ··· 35
  第二节 英语翻译的学习方法与策略 ·· 39
  第三节 英语翻译人才的困境与解决方法 ··· 43

第四章 英语翻译过程 ·· 54
  第一节 理解阶段 ··· 59
  第二节 表达阶段 ··· 69
  第三节 审校阶段 ··· 81

第五章 英语翻译常用方法和技巧 ··· 86
  第一节 英语翻译常用方法 ··· 86
  第二节 英语翻译的常用技巧 ··· 108

第六章 各种文体的英汉翻译应用 ··· 124
  第一节 新闻文本的翻译 ··· 124

第二节　旅游文本的翻译……………………………………136
　　第三节　科技文本的翻译……………………………………148
　　第四节　商务文本的翻译……………………………………161
　　第五节　法律文本的翻译……………………………………175
　　第六节　文学文本的翻译……………………………………189

第七章　翻译工作者的职责和修养………………………………203
　　第一节　对翻译工作者的要求………………………………203
　　第二节　翻译工作者的职责…………………………………205
　　第三节　翻译工作者的修养…………………………………206

参考文献……………………………………………………………208

第一章 语言及英语概述

第一节 语言的文化属性

人类文化的发展在很大程度上依赖于语言。语言是文化中最重要的因素，也是使文化得以世代相传的最基本的工具。不少人类学家认为，一种语言往往代表着一种文化，或者说语言是一个国家或地区社会文化的缩影。例如，英语中描述工商业活动的词汇非常丰富，这说明英美等国工商业很发达。而在许多工业化程度很低的国家，工商业词汇就很贫乏。语言反映一个民族丰富多彩的文化现象和特征，一个民族的生活方式、思维方式、世界观均体现在该民族所使用的语言中。人们在交际时，语言中的文化因素与人们头脑中的文化意识相互作用，由此完成交际的任务。

语言作为一种人们共享的符号系统，是文化的产物，也是文化的重要成分，所以从文化角度看，语言承担着重要的文化功能。

一、语言影响文化

（一）语言是文化的基础

语言是思想的直接体现，特别是词汇最能敏感地反映生活和人类思想的变化。由于语言或词汇受文化的影响，所以用于表达的语言或词汇也必定深深打上了该文化的烙印，附带有其文化的含义或引申意义。

正是借助语言，文化的各个组成部分——政治、法律、教育、风俗习惯、宇宙观、艺术创造、思维方式等才得以薪火相传、代代不息。

（二）语言促进文化的发展

文化是语言发展的动力，反过来语言的丰富和发展是整个文化发达的前提。我们可以设想，如果没有语言记载我们祖先的知识和经验，后代人一切都要从头做起，社会就会停滞，更谈不上文化的发展。我们还可以设想，如果没有语言作为桥梁，各个民族之间就无法交流，人类就不可能相互吸收先进的知识和经验，这同时也会影响社会的发展和文化的进步。

二、语言反映文化

语言是文化的镜子，它直接反映文化的现实和内涵。一种文化的面貌可以在语言中得到体现。英国语言学家莱昂斯曾说过："特定社会的语言是这个社会文化的组成部分，每一种语言在词语上的差异都会反映使用这种语言的社会的事物、习俗以及各种活动在文化方面的重要特征。"词汇是形式和意义的统一体，其意义主要有两大类：指示意义和引申意义。前者是指词汇的字面意义；后者是指词汇的隐含意义，也就是词语的文化内涵。前者较固定，后者则包括扩展意义或联想意义。语言词汇反映并受制于不同国家或民族的政治地理、价值观念、风俗习惯、文化心理和宗教信仰等因素。

（一）语言反映生存环境

文化的形成脱离不开自然地理环境的影响，特定的地理环境造就了特定文化，特定文化反映在语言中形成特定的表达。例如，英语习语"sudden as April shower"的意思是"骤如四月阵雨，突如其来"。这在中国人听来一定会怀疑是七八月的夏雨，而非四月的春雨。这两种对于四月雨截然不同的认知，是由于两国地理位置的差异造成的。中国和英国分别位于东、西半球，中国大部分地区深居内陆，主要是温带大陆性气候，而英国是四面环海的岛国，主要是温带海洋性气候。这就形成了中国的七月阵雨和英国的四月阵雨。

（二）语言反映风俗习惯

风俗习惯是一种社会文化现象，是社会群体经过长期的共同生活而共同创造、共同遵守的生活习惯和行为习惯。民间的风俗和习俗包括社会礼仪、习惯、生活方式、婚姻传统、信仰等。例如，英语习语"let one's hair down"意思是"放松"，来自英国早期的习俗：妇女不管在什么场合中，头发都得往上梳理整齐，只有单独一人时才能把头发放下来，所以"把头发放下来"意思是"放松一下"。

汉语中"礼尚往来""先来后到""人敬我一尺，我敬人一丈"等表现出中国人的处世态度和行为习惯。再如，中国传统文化崇尚人的社会性，认为人是社会中的一员，是群体中的一分子，人们在人际交往中应该互相关心、互相爱护、互相扶助。人们在见面、交往时常常会问："你去哪？""你在干什么呢？"等，以表示对别人的关心，而英国文化崇尚人的个性，强调自我意识，当被问到上述问题时，会觉得受到了冒犯，认为是干涉他们的隐私。

（三）语言反映民族心理

语言是民族文化的载体，体现民族心理，如伦理道德观念、价值观念等。如汉语中"嫂子"译成英文是"sister-in-law"，但是这两个词的词义不完全对等。"嫂子"指哥哥的妻子，"sister-in-law"表示兄或弟的妻。从形态特征来看，"嫂"的字源为"叟"，意思是长者，可见"嫂"字体现了中国人家庭伦理观中"严格区分长幼尊卑，长兄为父、长嫂为母"的等级制度。英语中的"sister-in-law"意思是"从法律角度来讲是姐妹"，体现了英语文化从法律角度看待婚姻亲属关系的民族心理。

综上所述，语言是文化的组成部分，语言记载文化、传承文化、反映文化，二者密切相关、相辅相成。语言是人类社会进行交际的重要工具，同时也是文化重要而突出的组成部分。不同民族的语言既受到本民族社会文化的制约，又反映各自特定的文化内容。如果某一民族的人们不了解某一特定民族的文化基因，则不可能进行有效与顺利的交际。

反之，文化影响语言的结构和含义，文化的动态特征导致语法和词汇意义的变化。

英语中很多词汇随着时代的变迁也有了新的意义。例如，"happening"旧用法指"一次事件"，新用法指"哈普宁艺术"（一种使观众意外、惊奇和投入的舞台或其他形式的演出）；"bug"原指虫子，现在的意思是"硬件或者软件中的漏洞（缺点）"；"memory"原指记忆，现在的意思是"内存"；"hit"原指"打击"，现在的意思是"点击（进入某个网站）"等。

第二节　英语语言概说

英语属印欧语系，源于与欧洲大陆隔海相望的英国。印欧语系是世界上最大的语系，包括欧洲、美洲和亚洲地区的大部分语言。世界总人口中，有一半以上的人讲印欧语系的某种语言。英语属于印欧语系的日耳曼语族。日耳曼语族是一个比较大的语族，分为三个语支：东日耳曼语支，主要以现已绝迹的哥特语为代表；北日耳曼语支，主要以古北欧语为代表，包括今日的挪威语、冰岛语、瑞典语和丹麦语等；西日耳曼语支，包括低地德语、今日的荷兰语、高地德语、英语、弗里西亚语、佛兰芒语等。因此，我们常说英语属于印欧语系的日耳曼语族的西日耳曼语支。

英语是联合国正式语言和工作语言之一，是当前世界上流行最广的语言之一，我们还应该把那些生活在世界各地的把英语当作跨地域交往语言工具的人计算在内，还应包括那些出于政治、商业、科学或其他目的而学习和使用英语的人。

低地德语主要指德国北部和西部使用的德语。高地德语原通行于德国南部和中部地区，现为标准德语。弗里西亚语主要通行于荷兰北部弗里斯兰及海岸外的弗里西亚群岛。一般认为，弗里西亚语比其他任何语言都更接近英语。在荷兰的某些大学，至今仍开设有弗里西亚语课程。佛兰芒语通行于比利时北部地区，是比利时的两种语言之一（另一种是法语）。讲佛兰芒语的人近600万，约占比利时人口的一半。比如在印度，大部分人都把英语作为他们的第二语言。

英语通过英国的殖民活动传播到世界各地。由于在历史上曾和多种民族语言接触，它的词汇从单一变为多元，语法从"多曲折"变为"少曲折"，语音也发生了规律性的变化。由于英文的使用范围极为广泛，不可避免地出现了各种地区性变体。

美国在18世纪建国之后，本土语言仍以英语为主。美国学者最初称它为"在美国的英语"。到了第一次世界大战之后，美国国力大增，就有学者提出"美国语"一说。在半个多世纪以前，这个术语通常被理解为美国人特有的语词和语法，在抱有"纯洁主义"的英国文人看来，它不是纯正的英文，不能与英国英语相提并论。但到了第二次世界大战前后，"美国英语"一词的概念逐渐明确，只指在美国本土使用的"自成一派"的英语，不再刻意强调其与英国英语的渊源。现在英国学术界也终于承认美国英语有其独立地位。二者在语音上有相当明显的差别，拼写的差别则不是很大。在词汇方面，美国英语曾长期以英国英语为规范，由于"二战"后美国的大众传播媒介迅速发展，美国英语已反过来对英国英语产生影响（特别是在新词方面），并且这种影响有日益扩大之势。在文学作品上，这两种英语的区别比较明显，但在学术、科技文章方面，两国作者使用的是一种中性的共同文体。一般人们以一些学术机构的辞书作为标准英语的参考依据，例如，被誉为"全世界拥有最多读者的英文词典"——《牛津英语词典》等。

美国英语是美国"熔炉文化"的反映。持不同语言的移民从世界各地来到这个新世界，这个新世界以英语为唯一的官方语言。正是这个强制性的官方语言使美国文化成为多元文化，移民们被迫将自己的母语局限于家庭和社团使用而变为方言，他们也被迫使用英语来谋求生存和发展。这即是说，移民们强制性地将自己的母语情结限定于社团感情的范围,而视英语情结为民族国家感情,于是美国英语就成了熔炉文化铸造"新世界的新人"的语言工具。

除美国英语外,还有加拿大英语、澳大利亚英语、新西兰英语、南非英语等,它们也各有自己的地区性的语词和语法。其他像印度英语、东南亚英语、加勒比地区英语和非洲某些新兴国家的英语,也都各自具有语音和词汇上的特点。

现代英语与其他所有的印欧语系语言相比,没有那么复杂的变化,也失去了几乎所有阴、阳性变化,它更强调词语间相对固定的顺序,也就是说英语正朝着分析语的方向发展。英语中仍然保留的复杂变化有所有格、动词现在时的第三人称单数、动词过去式、现在分词/进行时态、过去分词、动名词、名词的复数、形容词的比较级、形容词的最高级。

第三节 英语语言的发展

一、日耳曼征服与古英语

(一)日耳曼征服

日耳曼征服始于公元 450 年。在此之前,不列颠岛曾先后居住过伊比利亚人(公元前 3000 年至公元前 500 年)和凯尔特人(公元前 500 年至公元 450 年)。伊比利亚人于公元前 500 年被凯尔特人征服,在英国几乎没有留下什么痕迹。不列颠的语言文化史实际上始于凯尔特人。凯尔特人的语言属印欧语系凯尔特语族,包括今天的爱尔兰语、苏格兰语和威尔士语等。公元前 43 年罗马帝国的恺撒大帝率军进攻不列颠岛,但无功而返。公元前 55 年罗马帝国皇帝克罗迪斯率军 4 万人征服了不列颠岛的中部和东南部,即现在的英格兰。罗马人在英国的统治历时近 400 年。这便是不列颠社会生活罗马化的时期。拉丁语成为官方用语、法律用语和商务用语，也成了罗马化的上层凯尔特人的第二语言。约20座城市和上百个城镇建立起来，公路四通八达。城镇中有罗马式的住宅、公共浴池、庙宇、剧院。罗马式的住宅中有供暖设备、马赛克铺的地面和粉刷的墙壁。罗马式的服装、饰品、餐具、陶器及玻璃器皿广为流行。到公元3世纪基督教已开始在不列颠小范围传播。

公元5世纪初叶罗马帝国走向没落，开始受到日耳曼的不断侵扰。国内外交困，罗马当局不得不在公元410年撤走了罗马军队。罗马—不列颠帝国由此灭亡。随之而来的是对英语语言文化史产生了划时代影响的日耳曼征服。

早在公元4世纪，生活在北欧（今天的丹麦和德国西北部）的盎格鲁人、撒克逊人和朱特人就开始不断侵扰不列颠，没有被罗马人征服的北部皮克特人和苏格兰人也经常侵扰罗马—不列颠帝国的边境。当时的罗马人还能成功地抵御这些侵扰，但凯尔特人经过罗马化时期的平静生活已失去了战斗力，依赖罗马人来保护自己。罗马人撤走以后，凯尔特人失去了屏障，处于被动无援的境地。公元449年，盎格鲁人、撒克逊人和朱特人渡过北海，大举入侵不列颠岛。凯尔特人也曾进行过顽强并有成效的抵抗，但最终没有逃脱灭顶之灾：有些地区的凯尔特人或被杀死或被驱赶到不列颠岛的北部和西部山区，即现在的苏格兰和威尔士地区，其他地区的凯尔特人则沦为奴隶。日耳曼征服实际上是文化上落后的民族对文化先进民族的征服，罗马文明被破坏殆尽，城镇被焚毁、遗弃。当时的盎格鲁人、撒克逊人和朱特人尚处于原始社会末期，主要的经济手段是狩猎、游牧和耕作，城镇生活对他们并无吸引力。盎格鲁人、撒克逊人和朱特人的社会由家族和氏族组成，分为贵族和自由民。法律制裁为根据罪行和受害人的社会地位判定罚金。犯罪的认定采用神裁判法（古代的一种判罪法，即让被告抱灼烧之物或服毒，把其结果看作神的判断）或根据数人的证词。盎格鲁人、撒克逊人和朱特人把各自的日耳曼方言、原始的民主观念和生活习俗带到不列颠，建立了新的家园。他们讲的日耳曼方言演变成古英语或盎格鲁–撒克逊英语。现代英语中的 English 和 England 由古英语中的 Englisc 和 England 演变而来，而 Englisc 和 England 又由（angle）派生演变而成。

（二）古英语时期

就语言本身而论，前面所提及的都属于史前阶段。一直到公元 600 年之前，英语语言都没有书面的记载。这时的盎格鲁－撒克逊人皈依了基督教，并学会了拉丁字母。这样一来，他们不仅在宗教信仰上有了依托，而且使他们与古罗马文明的遗产又重新有了接触。

习惯上英语语言史一般分为三个阶段：古英语——450—1066 年；中古英语——1066—1450 年；现代英语：前期——1450—1700 年；后期——1700 年至今。当英国历史开始时，英国划分为好几个独立的王国。有时其中的一些会对其他的一些王国施加控制或影响。在皈依基督教之后接下来的一个世纪里，最发达的王国是位于哈伯河和苏格兰接壤处的诺森比亚。到 700 年时，这个王国已经拥有欧洲最为发达的文明，有些历史学家称之为"诺森比亚文艺复兴"，这是欧洲历史上数次文艺复兴中最早的一次。正是在这一时期产生了古英语中最优秀的文学作品，其中包括史诗《贝奥武甫》。到 8 世纪时，诺森比亚的力量衰落了，文明的中心南移到中部的一个王国——麦西亚。又过了一个世纪，文明的中心又转移到西部撒克逊人的一个王国——威塞克斯。西部撒克逊人最著名的国王是阿尔弗雷德大帝。他继位于 9 世纪后半叶，901 年去世。阿尔弗雷德大帝的闻名于世不仅因为他是一位军事家和统帅，同时他还是一位积极的知识倡导者和传播者。他建立并资助学校，组织并亲自参与翻译了大量的书籍。在此期间，两个世纪之前的诺森比亚文学在西撒克逊被记载下来。实际上，流传至今的大量古英语作品基本上都是用 900 年或更晚时候的西撒克逊方言写下来的。

在军事领域，阿尔弗雷德最大的成就是他成功地遏制了北欧海盗的入侵。在 9 世纪和 10 世纪，斯堪的纳维亚人乘船由丹麦和斯堪的纳维亚半岛出发开始入侵英伦本土。

他们四处进攻，随意劫掠，而自己则丝毫没有损失。他们先是劫掠意大利和希腊，进而在法国、俄国和爱尔兰定居，然后将冰岛和格陵兰作为其殖民地，他们自然也不会放过英格兰。多年的劫掠和攻击之后，斯堪的纳维亚人的一支军队于886年在英格兰的东部海岸登陆。除了阿尔弗雷德大帝领导下的威塞克斯王国，他们几乎没有遇到任何抵抗。在经过多年征战之后，双方终于达成一项和平条约。条约将英格兰从西北到东南画了一条线。界线东侧由斯堪的纳维亚人管辖，界线以西由威塞克斯王国统治。这样做的结果是在英语中加进了相当数量的斯堪的纳维亚语成分。在当时斯堪的纳维亚语与英语间的差别并不像现在的挪威语或丹麦语与英语间的差别那样大，或许讲英语者多少能够听懂那些刚刚定居在英格兰东部的新居民的语言。

二、斯堪的纳维亚人入侵

（一）斯堪的纳维亚人入侵

在从8世纪到10世纪的300多年中，东欧的马扎尔人、北非和西亚的阿拉伯人、北欧的斯堪的纳维亚人纷纷侵扰周边国家，欧洲大部分地区又经受到第二次攻击的浪潮。来自斯堪的纳维亚的入侵者，又称"北欧海盗"，多是商人、殖民者或战士。可能是由于斯堪的纳维亚可供垦殖的沃土不够充足，斯堪的纳维亚人——主要是丹麦和挪威人开始到海外冒险。他们主要的侵扰目标是不列颠、法国北部和低地国家。北欧海盗的航海技术很发达。他们的航船既可越洋远航，也可在只有3英尺深的浅水中航行。这给他们的掠夺和侵扰行动带来很多便利。8世纪晚期起，他们开始对不列颠进行海盗式掠夺，有时做些交易，有时登陆大肆劫掠而去，并不久留。挪威人主要劫掠爱尔兰，而丹麦人的海盗行径主要发生在英格兰。从9世纪中叶起，丹麦人开始变海盗式掠夺为征服与占领，并大量移民，在英国北部建立了丹麦区。后来，丹麦人继续南侵，先是占领了诺森伯里亚、梅尔西亚和东盎格里亚。在南部的威克萨斯，丹麦人遭到阿尔弗雷德大帝领导的人民顽强抵抗。但丹麦人始终没有被赶出英国，还一度成为英国的统治者。他们在新的家园逐渐与英国人融合，成为英吉利民族的一部分。

（二）对古英语的影响

斯堪的纳维亚人入侵在英语语言文化史上留下了深深的印记。英国人后来采用的十二进制就来自斯堪的纳维亚人。在英国北部和东部（原丹麦区），有大量地名来自丹麦语或丹麦语构词成分。英语还从斯堪的纳维亚语中借入相当数量的词汇。由于斯堪的纳维亚人和盎格鲁–撒克逊人同属日耳曼人，血缘关系很近，文化上又有很多近似之处，这些借词多属日常生活中常用的基本词汇。在斯堪的纳维亚语借词中不仅有名词、动词和形容词，还有代词、介词、副词，甚至还包括动词 be(是) 的一种形式。代词 they(他们：主格)，them(他们：宾格)，their(他们的：所有格) 来自斯堪的纳维亚语。both(两者) 和 same(相同的) 也来自斯堪的纳维亚语。虽然它们主要用作其他词类，但也都可以用作代词。介词 till(直到) 和 fro(向后) 均来自斯堪的纳维亚语，fro 曾作为 from(从) 的等值词广泛使用，现在在短语 to and fro(来回) 中保留了下来。though(尽管) 是连接词，同样来自斯堪的纳维亚语。借自斯堪的纳维亚语的还包括副词 aloft(向上)、seemly(合适的)、hence(因此)、where(何处) 等。are 是动词 be(是) 的现在复数形式，也源于斯堪的纳维亚语。由于文化交流，从其他语言中借入词汇是很常见的。这更能说明斯堪的纳维亚语和英语之间的亲密关系和斯堪的纳维亚人与英国人之间密切的血缘关系。

斯堪的纳维亚人入侵对古英语的影响还涉及语法。现代英语中主语为第三人称单数的现在时句子中动词加词尾 -s 即源自斯堪的纳维亚语。斯堪的纳维亚语和英语同属印欧语系日耳曼语族，有大量的同源词。这些同源词常常只在词尾存在差异。因此，如果把这些词尾去掉，丹麦人和英国人之间的交际就会比较顺畅，这加速了英语从综合语向分析语的转变。

英国前首相、历史学家丘吉尔先生认为英语国家的个人主义源于斯堪的纳维亚人，特别是丹麦人。古代斯堪的纳维亚人在土地上耕作或在海上捕鱼，主要依赖个人的力量，这是其个人主义人生观的基础。随着斯堪的纳维亚人入侵英格兰并在此定居，个人主义人生观进入英格兰，在欧洲文艺复兴时期古希腊人的民主和人定胜天的信念融合，经文艺复兴时期的人文主义思潮、宗教改革和后来资产阶级革命的强化，形成了英语国家乃至整个西方国家注重个人权益、主张人与人和人与社会之间对立的个人主义文化。

英语国家文化，是个人主义文化。在个人主义文化中，个人之间、个人与社会之间、人与自然之间是相互对立的。个人主义文化强调的是个人相对于社会或其他个人的权利。美国可能是最崇尚个人主义文化的国家。例如，美国人总把自己看作个人，而不是看作美国的代表。有一位美国学者曾说："美国人是极端的个人主义者，甚至他们的头发都标上了号码。"在个人主义文化中人们非常看重个人隐私权。

三、诺曼征服

（一）诺曼征服后的法语与英语

诺曼征服是英语语言文学史上极其重要的一件事。诺曼征服之后，英国已是诺曼底人的天下，他们继续使用法语，而被统治阶级（主要是英国农区）仍然使用英语。诺曼底人也在与英国人交往中逐渐掌握了一点英语，包括威廉一世本人也曾有意识地学习英语。但诺曼底人没有制定政策，要求掌握被统治阶级所使用的语言。这样，在英国就出现了英语和法语并存的局面。最初讲法语的都是诺曼底人，后来很多与诺曼统治阶级交往密切的英国人也开始学讲法语。很快语言不再是民族的标志，而成了社会阶层的标志。上层的诺曼底人和英国人讲法语，下层的英国农民则使用英语。

诺曼底人征服英格兰后仍与法国保持密切联系，在诺曼征服以后的近200年间，历代英王同时又是诺曼底公爵，英王亨利二世（1154—1189）更是曾经占有法国 2/3 的国土。他们中多数人大部分时间生活在法国。当时的英国贵族也是如此,他们大多也在法国拥有财产和土地,或为自己的利益或追随英王而长期逗留在法国。更多地关注法国的英国统治阶级自然继续使用法语作为交际语言,而英国的被统治阶级则继续使用英语。

但 1200 年以后,这种情形逐渐发生了变化。首先,英王约翰因拒绝以诺曼底公爵的身份去法国宫廷受审,而被判失去诺曼底。法王菲力普利用这一机会占领了诺曼底。这一事件发生在 1202 年,它促使英王和英国贵族更多地关注其在英国的利益,使英、法贵族开始分离。到 1250 年英、法贵族的分离基本完成,英国贵族已基本失去了在欧洲大陆的财产和土地。这样,英国统治阶级使用法语的主要原因已不复存在。但是,尽管英王和英国贵族的经济利益已英国化,他们仍然保持着法国化的审美观和生活习俗。英王身边时时充斥着讲法语的新宠臣。特别是到 13 世纪,法国文化在欧洲已处于领先地位,被看作最高雅的文化。欧洲各国宫廷显贵都以讲法语为荣,因此,1250 年以后,英国的上流社会仍流行法语。但此时法语已不再是法裔贵族的母语,而是代表高雅文化的语言。在议会、法庭、国家及法律文书、教育等场合或领域仍主要使用法语。当时的法语有四种主要方言:诺曼底方言、东北部的皮卡德方言、东部的伯甘丁方言和巴黎的中央方言,地位高的是巴黎的中央方言。随诺曼征服进入英国的是掺入一些北部方言特征的诺曼底语言。由于受到英语的影响,随着时间的推移,这种方言已和上述四种法语方言都存了较大差别,成了法国人觉得好笑、英国人感到有点自卑的法语方言。这一点成了法语在英国日渐没落的原因之一。英法之间的百年战争(1337—1453)使英法成为敌对国家,使法语成为敌人的语言。这也是法语在英国没落的原因之一,英语则继续作为大众的交际语言。所不同的是,由于英国人民族意识的提高,英语的地位已开始上升,即使在贵族阶层中习得英语或会讲英语的人也越来越多。1349 年英国暴发"黑死病",总人口减少了近 1/3。可以想象,受难最深重的是劳动人民。劳动者大量死亡,造成劳动力匮乏。当时的英国农民由于对生活状况不满，于1381年发动起义。由于这两个原因，农民的经济收入和社会地位都有所提高。英语是农民所使用的语言，其地位自然与农民的地位密切相关。英语地位提高的另一个原因是英国中产阶级的出现。到13世纪中叶，在英格兰已出现了约200个有很大自主权的城镇，人口1000~5000人不等。此外，还有一些人口更多的大城镇，例如伦敦和约克。城镇人口主要由工匠和商人构成。随着财富的不断累积，这些工匠和商人的地位日益提高，形成了位于贵族与农民之间的中产阶级。该阶级使用的语言也是英语。

英语的地位日益提高，终于在14世纪末在宫廷、法庭和学校全面取代法语，重新成为英国的国语。

（二）对中古英语的影响

诺曼征服以后不久，英语就进入中古英语时期（1150—1500）。在这段时间里英语发生了巨大的变化。有些变化直接与诺曼征服有关，有些则与其间接相关。诺曼征服对英语的影响首先体现在词汇上，英语中的法语借词在数量上首屈一指，大得惊人。由于英法两种文化关系密切，而且在相当长的一段历史时期内，法国文化要优于英国文化，很自然英语从法语中借入了大量词汇。在从诺曼征服到中世纪结束这段时期，英语从法语中借入了1万个以上词汇，其中75%沿用至今。

诺曼征服以后进入英语的法语词汇可分为若干类。其中一类是有关政府与行政管理的词汇。一个民族征服了另一个民族，自然会关心与政府和行政管理权有关的事务，因此，很多与此有关的词汇进入英语。诺曼征服以后，法语长期是英国的法律语言。现代英语的法律术语大多来自法语。在中世纪的英国事务中，战争占据了重要地位，而诺曼征服以后英国陆军和海军皆由法国人控制，很自然在英语的法语借词中有不少军事术语。当时法国文化的先进性也反映在与文学、艺术、科学、医学有关的法语借词上。英语还从法语借入其他很多名词、动词、形容间，反映出诺曼征服对英国社会文化生活方方面面广泛的影响。另外，也有一些法语的短语进入了英语。

相对于当时的英国文化而言，法国文化是征服者的先进异族文化，可以推断很多法国文化中的观念、事务、物品进入了英格兰，在某种程度上改变了英格兰文化的进程。但并不是伴随着每一个法语借词都有一个新观念或事物进入英国。在一些情况下实际上是随着法国人涌入英格兰，英语中出现了很多指称同一观念或事物的英语词和法语词共存的局面。后来，法语词逐渐胜出，存留下来，而英语词消失了；或者英语词和法语词都保留下来，但各自的词义发生细微变化，成为近义词。

中古英语的其他方面，包括语音、语法、拼写和书写系统，也发生了很大变化。其中特别引人注意的是语法上的变化，也就是英语中表示格、性等语法范畴的词形变化大量消失。在中古英语时期，表示名词的性的词形变化已经消失，多数情况下只保留了所有格和复数的词形变化，已经和现代英语较为接近。到中古英语后期，表示形容词的格、性、数的词形变化已基本消失。中古英语时期，动词也发生了大的变化。其一是大量强式动词（不规则动词）转化为弱式动词（规则动词），简化了动词的词形变化。其二是动词变位的简化。比如，动词过去式的单数、复数及过去分词形式趋于统一。由于大量的词形变化消失，中古英语转向主要依赖于词序及功能词来表示语言单位之间的语法关系，基本完成了由综合语向分析语的转化。中古英语在语法上的巨大变化与诺曼征服只有间接的关系。英语语法的变化的直接原因是英语语音的变化。而这一变化在古英语时期就已开始，到10世纪时就已非常明显。诺曼征服只是为这一变化提供了有利条件。诺曼征服使英语在约300年的时间成为农民及其他劳动者的语言。当时的农民及其他劳动者一般都较少经过学校教育，而学校教育常常是语言变化的阻力，因此可以说诺曼征服为英语的自由发展变化排除了障碍。除此之外，中古英语语法的变化与诺曼征服无关。

四、欧洲文化复兴

15—17世纪是欧洲的文艺复兴时期。文艺复兴标志着欧洲中世纪的结束和现代文明的开始，是一场伟大的社会变革，是欧洲文明史的一个重要时期，对欧洲的社会文化生活产生了广泛而深远的影响。16世纪的欧洲史学家认为它是古代希腊—罗马文化和艺术的复兴，因而得名。古希腊—罗马人被看作是西方两大精神祖先之一。西方人普遍把自己看作古希腊—罗马文明的继承者。而把古希腊—罗马文明和现代西方社会联系起来的纽带首先是欧洲文艺复兴运动。

在15世纪的欧洲，随着工场手工业和商品经济的发展，资本主义的生产关系已经在封建制度内部逐渐形成，面临冲破封建桎梏的重要使命。在政治上，欧洲的封建割据已引起广泛的不满，欧洲各国人民的民族意识开始觉醒，表现出要求民族统一的强烈愿望。在文学艺术上，出现了但丁、薄伽丘、拉伯雷、达·芬奇、拉斐尔、米开朗琪罗、莎士比亚和康帕内拉等一大批文艺大师，他们的作品宣扬人文主义思想，反对中世纪的禁欲主义和宗教观。在自然科学方面，哥白尼的日心说向上帝创造世界的宗教传统提出挑战；哥伦布和麦哲伦等人的航海地理发现为地心说提供了有力的证据；伽利略在数学、物理、科学实验等方面都做出了卓越的贡献。总的说来，欧洲文艺复兴是以复兴古希腊—罗马文化艺术为旗帜，反映新兴资产阶级的利益和要求的一场伟大运动。其主要表现形式就是科学、文学和艺术的高涨。

（一）人文主义思想

人文主义思想14世纪产生于意大利，后来发展到欧洲各国，是文艺复兴运动的主要思潮。14世纪的意大利具备了人文主义思想产生的两个主要因素：资本主义的萌芽和古典文化的复兴。到14世纪，意大利北部和中部的工商业城市在欧洲处于领先地位，商品经济非常发达，资本主义萌芽和新兴的资产阶级首先在这里产生。佛罗伦萨、威尼斯等城市取得了政治上的独立，建立了城市共和国。具有资本主义特点的城市生活是人文主义思想产生的现实社会基础。意大利又是古罗马统治的中心，深受古希腊—罗马文明的影响。它不仅保存了大量的本土古希腊—罗马文明遗产，还通过与拜占庭和阿拉伯的文化交流获得了大量古典文化书籍。这为古典文化的复兴提供了充分的典籍。这些典籍中强调的人是世界的核心与主宰、人定胜天、人应享受民主与自由等思想，在资本主义的萌芽阶段，适应资产阶级的需要与意愿演变成人文主义思想。人文主义思想是与古典文化紧密联系在一起的，是一种与中世纪宗教思想相对立的世俗主义思想，是在复兴古典文化的基础上形成的新兴资产阶级的人生观和世界观，其核心思想是强调人的价值与尊严，强调个性解放与自由，反对以上帝为中心的中世纪英语语言文学与文化研究神学思想。

人文主义思想从意大利扩展到整个西欧，成为新兴资产阶级的思想武器。在整个文艺复兴运动中，代表新兴资产阶级利益的知识分子以它为武器对中世纪封建教会和神学进行了猛烈的抨击。他们提倡人权，反对神权；提倡科学，反对迷信；提倡世俗享受，反对禁欲苦行，有力地推动了文艺复兴运动的发展和西欧社会由封建主义向资本主义过渡。

（二）莎士比亚

文艺复兴时期欧洲的文学、艺术、科学空前繁荣，出现了很多流芳百世的文学家、艺术家和科学家。其中与英语和文化有着密切关系的是英国剧作家和诗人威廉·莎士比亚。莎士比亚是文艺复兴时期英国最杰出的文学家，代表了当时欧洲文学创作的最高成就，为后人留下了37部戏剧、150多首十四行诗和2首长诗。

莎士比亚给后人留下了脍炙人口的不朽名著。他的作品对英语的发展也产生了深远的影响。英语中有大量的谚语、警句、格言、典故来莎士比亚文学作品。据说，曾有一个对莎士比亚知之甚少的人应邀去欣赏莎士比亚戏剧，当被问及观剧感想时，他说没什么，只是很多引语堆砌在一起。殊不知，这些引语就是来自莎士比亚的文学作品。

（三）文艺复兴与早期现代英语

文艺复兴时期正值早期现代英语形成时期。在早期现代英语中词类转换非常普遍，在早期现代英语中曲折形式继续消失。名词只是在复数和所有格中才保留曲折形式。形容词也只在比较级和最高级中保留着曲折形式。由于名词格的变化消失，早期现代英语的词序已基本固定，形成了主语—动词—宾语（SVO）的基本句式。总体来说，早期现代英语虽然仍有自己的特点，但已经很接近当代英语了。

五、现代英语

15—16世纪欧洲新兴的资产阶级摆脱了封建主义的束缚，开始迅速发展，欧洲陷入追求财富的狂热之中。葡萄牙、西班牙首先开始了海上冒险和殖民掠夺，法国、荷兰、英国等紧随其后。英国人的海上冒险是在伊丽莎白时代（1558—1603）开始的。那时，英国船只开始世界探险并与其他国家做生意。不久它们便与当时的海上强国发生冲突。1588年英国海军击败了强大的西班牙无敌舰队，扫除了英国海上扩张的主要障碍。从此，英国走上了迅速向海外扩张、大肆进行海外掠夺的道路。从1651年到1678年与荷兰海军数度兵戎相见，最终战而胜之。经过长期与法国的对抗，英国终于在18世纪中叶取代法国成为欧洲乃至世界的军事霸主。随着英国的海外扩展，英国人大量向海外移民，在世界上建立了幅员辽阔的英属殖民地。英语也随着英国移民走向世界。随着历史的进程，以英国移民或其后裔为人口结构主体的北美和大洋洲殖民地相继取得独立，成立了美国、加拿大、澳大利亚和新西兰等新兴英语国家。

1662年，英国皇家学会正式成立并提倡用质朴的英语探讨哲学和自然科学。从此，英语逐渐代替拉丁文成了哲学和自然科学的语言，这就要求它更准确、清晰、合乎逻辑，更有说服力。17世纪英国文学家德莱登澄清了英语的句法，早期现代英语发展成了一种相当成熟的语言。

英语的发展一直受到两种趋势的影响：一是使之更丰富、典雅；二是使之保持纯洁、朴素。早期现代英语发展成为后期现代英语，主要是第一种趋势在起作用。启蒙运动使18世纪成了一个理性的时代，要求英语的读音、拼写、同义、句法等都得有个统一的标准，于是产生了对字典和语法书籍的迫切需求。1755年，约翰逊博士编纂了《英语词典》，第一次把英语作为全民语言记录下来，对书面语、惯用法和拼写法的规范化起到了前所未有的积极作用，从此以后现代英语大体定型。另外，当时还接连出版了许多语法书籍，英语的准确程度和清晰程度得以大大增强。

第二章　英语翻译概述

第一节　英语翻译的定义与分类

一、翻译的概念

翻译是在准确、通顺的基础上，把一种语言信息转变成另一种语言信息的行为。同时，它也是将一种相对陌生的表达方式，转换成相对熟悉的表达方式的过程。其内容有语言、文字、图形、符号的翻译。

"翻"是指对交谈中的两种语言进行即时的、一句对一句的转换，即先把一句甲语转换为一句乙语，然后把一句乙语转换为一句甲语。这是一种轮流的、交替的语言或信息转换。"译"是指单向陈述，即说者只说不问，听者只听不答，中间为双语人士，只为说者做语言转换。

这个过程从逻辑上可以分为两个阶段：首先，你必须从原语言中译码含义，然后把信息重新编码成目标语言。这两步都要求翻译人员熟练掌握语言语义学的知识及对语言使用者文化有一定的了解。除了要保留原有的意思外，一个好的翻译，对目标语言的使用者来说，应该能像是以母语说或写得那般流畅，并要符合译入语的习惯（除非是在特殊情况下，演说者并不打算像一个本语言使用者那样说话，如在戏剧中）。

翻译有口译、笔译、机译、同声传译、影视译配、网站汉化、图书翻译等形式。

随着IT技术、通信技术的发展和成熟，最后又诞生了真人服务的"电话翻译"，形式越来越多，服务也越来越便捷。从翻译的物质形态来说，它表现为各类符号系统的选择组合，具体可分为四类。

（1）有声语言符号，即自然语言的口头语言，其表现形式为电话通信、内外谈判和接待外宾等。

（2）无声语言符号，包括文字符号和图像符号，其表现形式为谈判决议、社交书信、电文、通信及各种文学作品等印刷品。

（3）有声非语言符号，即传播过程中所谓的有声而不分音节的"类语言"符号，其常见方式为说话时的特殊重读、语调变化、笑声和掌声。这类符号无具体的音节可分，语义也不是固定不变的，其信息是在一定的语言环境中得以传播的，比如笑声可能负载着正信息，也可能负载着负信息，又如掌声可以传播欢迎、赞成、高兴等信息，也可以传递一种礼貌的否定等。

（4）无声非语言符号，即各种人体语言符号，表现为人的动作、表情和服饰等无声伴随的语言符号，这类符号具有鲜明的民族文化性。例如，人的有些动作，在不同的民族文化中所表示的语义信息完全不同，不仅如此，它还能强化有声语言的传播效果。在交谈时，如果伴有适当的人体语言，会明显增强口头语言的表达效果。

这四大类符号既可以表达翻译的原码，也可以表达翻译出的译码，它们既可以单独作为原码或译码的物质载体，也可以由其中两种、三种、四种共同组成译码或原码的载体。从翻译的程序上看，这实际包括理解、转换、表达三个环节。理解是分析原码，准确地掌握原码所表达的信息；转换是运用多种方法，如口译或笔译的形式，对各类符号系统的选择、组合、引申、浓缩等翻译技巧的运用等，将原码所表达的信息转换成译码中的等值信息；表达是用一种新的语言系统进行准确的表达。

上文的诸多翻译形式可以归纳为一点，即翻译实际上是一种特殊形式的信息传播。整个翻译活动实际上表现为一种社会信息的传递，表现为传播者、传播渠道、接受者之间的一系列互动关系。与普通传播过程不同的是，翻译是在两种文化之间进行的，操纵者所选择的符号不再是原来的符号系统，而是产生了文化换码，但其原理与普通传播相同。

二、翻译的内涵

（1）口译（interpretation）或进行口译的人（interpreter）。口译又称口语翻译，是一种职业。

（2）笔译（translation）或进行笔译的人（translator）。

（3）法律用语。

由于翻译有直译、音译、意译，而且同一种方式可能会产生多种译义，以何种为准关系到他人的合法权益。可以从以下几个方面考察：

第一，是否具有明确含义，并且与汉字形成一一对应的关系。

第二，音译是不是习惯的。

第三，翻译方式是否已为公众，尤其是市场所认可。

三、翻译的分类

（一）人工翻译

（1）根据译者翻译时所采取的文化姿态分为归化翻译和异化翻译。归化翻译是指把在原语文化语境中自然适宜的成分翻译成在译入语文化语境中自然适宜的成分，使得译文读者能够立即理解，即意译。而异化翻译是直接按照原语文化语境的适宜性翻译，即直译。

（2）根据翻译作品在译入语文化中所预期的作用分为工具性翻译和文献性翻译。

（3）根据翻译所涉及的语言的形式与意义分为语义翻译和交际翻译。语义翻译是在译入语语义和句法结构允许的条件下，尽可能准确地再现原作上下文的意义。交际翻译追求译文对译文读者产生的效果尽量等同于原作对原文读者产生的效果。

（4）根据译者对原文和译文进行比较与观察的角度分为文学翻译和语言学翻译。文学翻译寻求译文与原文之间文学功能的对等，其理论往往主张在不可能复制原文文学表现手法的情况下，译文只能更美而不能逊色，缺点是不重视语言结构之间的比较和关系问题。语言学翻译寻求两者之间的系统转换规律，主张把语言学研究的成果用于翻译，同时通过翻译实践促进语言学的发展。

（5）根据翻译目的与原语在语言形式上的关系分为直译与意译。

（6）根据翻译媒介分为口译、笔译、视译、同声传译等。

（二）机译

1947年，美国数学家、工程师沃伦·韦弗与英国物理学家、工程师安德鲁·布思提出了以机器进行翻译（简称"机译"）的设想，机译从此步入历史舞台，并走过了一条曲折而漫长的发展道路。此后70多年来，机译成了国际学界、商界甚至军界共同角逐的必争之地。

机译是涉及语言学、数学、计算机科学和人工智能等多种学科和技术的综合性课题，被列为21世纪世界十大科技难题。与此同时，机译技术也拥有巨大的应用需求。从20世纪80年代中期开始，基于语料和多引擎机译方法的广泛运用，机译系统的性能和效率有了明显提高，各式各样的翻译软件如雨后春笋般问世，而互联网的普遍应用，使在线翻译成了当今机译的重头戏。机译分为文字机译和语音机译。在文字机译方面，谷歌目前处于领先地位。在语音机译方面，谷歌也处于领先地位。机译消除了不同文字和语言间的隔阂，堪称高科技造福人类之举。但机译的质量长期以来一直是个问题，尤其是译文质量，与理想目标仍相差甚远。中国数学家、语言学家周海中教授认为，在人类尚未明了大脑是如何进行语言的模糊识别和逻辑判断的情况下，机译要想达到"信、达、雅"的程度是不可能的。这一观点道出了制约译文质量的瓶颈所在。

四、语义翻译与交际翻译

语义翻译和交际翻译是纽马克翻译理论中最重要的组成部分。语义翻译与交际翻译相辅相成，两者交替使用是最理想的翻译方法。

（一）对纽马克的简要概述

纽马克是英国著名的翻译理论家和翻译教育家，毕生从事英德、英法互译教学，对翻译理论颇有研究。他将跨文化交际理论和现代语言学的研究成果，如格语法、功能语法、符号学和交际理论运用到翻译研究中，认为翻译既是科学，又是艺术和技能，并提出了著名的"交际翻译"和"语义翻译"，这两个概念的提出，扩展了传统的直译和意译的概念，为翻译研究指出了新的思路和方向。

（二）语义翻译与交际翻译

1. 语义翻译与交际翻译的定义

交际翻译指译文对译文读者产生的效果尽量等同于原作对原文读者产生的效果。语义翻译则指在译入语语义和句法结果允许的前提下，尽可能准确地再现原文上下文意义。

2. 语义翻译与交际翻译的区别

（1）语义翻译较客观，讲究准确性屈从原语文化和原作者，翻译原文的语义只在原文的内涵意义构成理解的最大障碍时才加以解释。而交际翻译较主观，只注重译文读者的反应，使原语屈从译语和译语文化，不给读者留下任何疑点与晦涩难懂之处。

（2）在形式上，语义翻译使译文与原文的形式更为接近，并尽量保留原文的声音效果；交际翻译则是重新组织句法，运用更为常见的搭配和词汇，使译文流畅地道，简明易懂。

（3）当信息的内容与效果发生矛盾时，语义翻译重内容而不重效果，交际翻译则重效果轻内容。

（4）语义翻译比交际翻译复杂精细，较笨拙晦涩，重在再现原文作者的思维过程，而不是其意图，倾向于过译；交际翻译则更通顺、简朴、清晰、直接，更合乎译语习惯，采用与原文的语域一致的语域，倾向于欠译。

（5）交际翻译的译文通常比语义翻译的译文长，因为后者没有帮助读者理解的多余的词汇。

（6）语义翻译是一门艺术，只能由一个人单独承担；交际翻译是一门技巧，有时可由多人承担。

3.语义翻译与交际翻译的共同点

（1）两种翻译方法都是建立在认知翻译的基础之上的，是对认知翻译的修正和完善。

（2）如果原文信息带有普遍性，不带有文化特性，信息内容的重要性与表达信息的方式和手段同等重要，而译文读者的知识水平和兴趣又与原文读者相当，就可以同时采用语义翻译和交际翻译。

（3）在翻译中往往会出现这种情况：在同一篇作品中，有的部分需采取语义翻译，有的部分需采用交际翻译，二者相辅相成、互为补充。

（4）在保证等效的前提下，无论是翻译何种类型的文本，都最好采取逐词翻译的方法。纽马克认为这是唯一行之有效的方法，完全不必采取其他的近义词或同义词，更无须释义。

纽马克的语义翻译与交际翻译是两种不同而又相辅相成的翻译方法。正如纽马克指出的：在翻译中绝对只用交际法或语义法是不可能的。事实上，大部分情况下两种翻译法是交叉使用的。一个译者可能用其中的一种译法更多一些，即使同一个部分或句子也可能有些地方采用了交际法而其他地方采用了语义法。只有找到两种翻译方法的契合点，才能达到忠实有效的翻译效果。

第二节　英语翻译的功能与作用

一、学习英语翻译的意义

（一）翻译对中国现代化进程的影响

鸦片战争以来，传播西学，师夷长技，成为朝野之共识。魏源、王韬、李善兰、徐寿、华蘅芳、郑观应等人，是中国最早接受西方思想的知识分子，他们翻译西方书籍，传播西方的民主思想、政治体制。洋务派创办的江南机器制造局翻译馆译介出版了大量西方科技著作，在中国近代史上产生了不可低估的作用。

严复翻译的《天演论》于1897年12月在天津出版的《国闻汇编》刊出。这是中国近现代翻译史上一个划时代的事件，至少具有两大意义：第一，书中介绍的物竞天择和优胜劣汰的思想，使当时的中国知识界如获至宝，产生了巨大影响；第二，严复提出的"信、达、雅"翻译三原则，被中国翻译界长期奉为圭臬。

几乎与严复翻译《天演论》同时，林舒开始与通晓外国语言的中国学者合作，将西方小说介绍给中国读者。林译小说影响了鲁迅、郭沫若等一大批人，这不仅仅是文学现象，更是一次史无前例的翻译实践。

严复和林舒是开创中国近代翻译的代表人物。从他们起，有更多的中国知识分子加入翻译事业中来，涌现了一批有影响力的翻译家。可以说，在20世纪的中国发生的各种文化运动和政治运动，都是因为中国了解世界而发生的。正是一大批现代学者的翻译，使得中国在20世纪早期与世界接轨，中国的现代农业、现代工业、现代科学、现代教育、现代文学艺术等，都在这个时期产生。"五四"新文化运动以来，经过几十年的使用和发展，经过众多学者包括众多翻译家的努力,形成了新词汇、新语法、新的书写方式和标点符号,出现了一批白话文经典,使得汉语有了更好、更灵活、更丰富的现代表现方式。中国的现代化几经曲折之后,终于在中华人民共和国成立之后,尤其是在改革开放之后,结出累累硕果。

(二)翻译联通中国和世界

全国翻译工作座谈会暨中国翻译协会成立30周年纪念大会将"翻译文化终生成就奖"授予唐笙、潘汉典、文洁若、任溶溶四位资深翻译家。该奖曾授予季羡林、杨宪益、沙博理、草婴、屠岸、许渊冲、李士俊、高莽、林戊荪、江枫、李文俊11位翻译家和文化学者。其中,杨宪益、沙博理和许渊冲的翻译主要是让世界了解中国。杨宪益和他的英国妻子戴乃迭长期从事将中国文学作品翻译成英文介绍给外国读者:他首次将《史记》介绍给西方世界;他翻译的《鲁迅选集》,一直是国外大学和文化机构研究鲁迅的读本;他与夫人合作翻译了《红楼梦》,相对于1970年英国人翻译的版本,保留了中国文化的原汁原味。沙博理是中国籍美国人,翻译过20多种中国文学作品。许渊冲主要从事将中国诗词翻译成英文和法文的工作。此次大会的两次颁奖,反映了翻译在联通中国和世界中"引进来"与"走出去"工作的基本比例。此次获奖的四位翻译,唐笙是中国同声翻译的前辈,主要从事让世界了解中国的工作,另外三位从事的则是让中国了解世界的翻译工作。

当然,现在的翻译早已不是少数精英学者所从事的工作。很多国外的政治、经济、社会、思想、文学、生活类图书,出版发行不久就可以看到中文译本。有很多热心让中国了解世界的人士,无偿参与翻译,积极将外国的科技、文化、教育引入中国。

与此同时,让世界了解中国,这部分工作早已进行,并取得了很大成就。1949年后,中国创办了《北京周刊》《中国建设》《中国妇女》《中国文学》《人民中国》《人民画报》等刊物,向国外读者介绍中国的方方面面。英文《中国日报》于 1981 年创办。英文《上海日报》于 1999 年创办。中国中央电视台的国际频道和英文频道及其他语言的频道也先后开通。互联网成为新兴舆论渠道之后，新华社和人民日报社也建立了英文网站。

二、翻译教学的重要性

翻译是一门了不起的艺术，一门永无止境的艺术，是语言艺术的再创作。事实上，翻译是用一种语言形式将另外一种语言形式里的内容重新表达出来的语言实践活动。

（一）翻译理论与翻译实践

翻译作为一种跨语际的交流活动，既是语言转换的过程，同时也是文化的移植和传播过程。翻译研究工作是基于一定的翻译理论之上的，需要掌握好翻译理论的基础知识，了解中国和西方翻译简史，熟知一些翻译名家以及他们提出的翻译观的重要性和必要性。例如，严复的"信、达、雅"，其中"雅"应该理解为"保持原作风格"，即原文雅，译文也就雅，原文不雅，译文也就不雅；傅雷的"重神似而不重形似"；钱钟书的"化境"等。此外，许渊冲等人也都提出了自己的翻译观。勒菲弗尔的三因素论，韦努蒂的异化、归化论等，都是在考察了大量的翻译实践，从活生生的翻译事实中"发掘"出来的（孙致礼，2003）。总之，翻译工作者必须认识到翻译理论指导翻译实践，翻译实践又有助于构建翻译理论的重要性，应该抛弃"理论无用论"的错误观念，要用辩证法的观点对待翻译理论和翻译实践，克服翻译中的经验论、教条主义和片面性。

（二）翻译策略和翻译方法的选择

两大翻译策略和具体的翻译方法的学习把握也是重中之重。异化和归化是两大基本翻译策略。所谓异化，是指保存原语的异国情调，主张译文应该以原语或原文作者为归宿，所以要求译者采取相当于作者所使用的原语表达方式来传达原文的内容；所谓归化，是指用译语文化中惯用的表达方式来对原语进行转换，认为译文应该以目的语或译文读者为归宿，要求译者采取目的语读者习惯的目的语表达方式来传达原文的内容。至于在翻译过程中，译者究竟应该采用何种翻译策略，是归化法还是异化法，到目前为止翻译界仍然还有争论。所以，译者在将国外文学作品翻译成汉语时，应该更多地采用异化法，因为国内有很多的人，尤其是年轻读者善于并急于接受、学习和吸收国外的文化，的确存在着一群读者乐于融入其中；相反，我国文学作品进行再创作时读者是外国朋友，想必归化法是首选策略，因为十分了解中国文化和语言表达的外国读者毕竟很少，如果不顾读者的接受能力和忽视目的语的习惯表达法，大量地采用异化法，结果只能是功亏一篑，得不偿失。

（三）翻译工作具备的条件

不管是翻译专业学习者，还是从事翻译工作的人，都必须具备一定的条件。

（1）研习态度要端正，在掌握了一定的翻译理论、方法、技巧的同时，需不断提高自己的汉语和英语水平。因为汉语表达能力的高低直接影响着作品的翻译质量。平时多做汉语名著的阅读，仔细体会地道的汉语表达方法；同时，摘抄英语原著中的佳句以便阅读和学习。

（2）大大拓宽自己的知识面。通过大量的阅读，对有关国家的历史、地理、政治、经济、文化、风俗等方面，都应有较多的了解。同时，对英语中常见的典故、习语、谚语等表达方法也要注意积累。

（3）积极培养自觉的翻译意识。不能仅仅依靠书本上的一些翻译理论及技巧，事实上，更多的工作是在生活中完成的。要善于发现生活中的点点滴滴，如商店、公司的中英文招牌，产品的中英文介绍，以及一些英汉对照的报纸杂志等。

三、英语翻译的作用

随着社会的飞速发展，各国之间文化交流不断加强，文学作品的翻译和复译工作达到了新的高潮。文学作品是特定时期社会的反映，它以语言为工具，形象、艺术地表达作者对人生以及社会的认识和情感，从而给人以愉悦、引起读者共鸣、给读者以艺术享受。文学作品不仅是语言的集合，也是文化的浓缩，它承载着一个民族独特的文化，文化信息翻译的好坏决定着作品翻译的成功与否。翻译目的论强调译本的预期目的决定翻译方法和策略；文学作品的翻译除了传达原作的意义和风格外，还要以实现文化交流为目的。

（一）翻译目的论

翻译目的论（Skopos Theory）是由德国功能派代表弗米尔（Hans Vermeer）在20世纪70年代末期创立的翻译理论模式，它彻底突破了以原文本为中心的结构主义等值翻译理论，为功能派翻译理论奠定了重要的基础。弗米尔强调，翻译是一种交际行为，翻译行为所要达到的目的决定整个翻译过程，即"翻译的目的决定翻译手段"，翻译策略必须根据翻译目的来决定。

Skopos意为"目的、动机、功能"，在目的论中，指"译文目的（或功能）"。该词在"目的论"中有三种解释：译者目的；译文交际目的；使用某种特殊翻译手段所要达到的目的。通常情况下，"目的"指的是译文的交际目的。弗米尔认为，翻译是为了满足人类需要的一种目的性行为。诺德（Christiane Nord）作为第二代目的论的代表，继承和发展了弗米尔的理论，他也认为翻译是一种交际行为，翻译行为所要达到的目的决定整个翻译过程，即"目的决定手段"。

目的论共有三个原则——目的性原则、连贯性原则和忠实性原则，首要原则是目的性原则。目的性原则是指每个文本的产生都服从于特定的目的，因此译文在译入语的环境中应达成原文本在原语言环境中欲达成的目的，即翻译行为所要达到的目的决定整个翻译行为的过程和翻译所采取的手段。弗米尔认为，忠实性原则应从属于连贯性原则，同时，两者又都从属于"目的性原则"。

从目的论角度谈翻译，是指译文所要达成的目的。如前所述，文学作品翻译的目的在于不但再现原作的意义和风格，还要传递文化信息，换言之，是以文化交流为目的，也即在不同语际传达文化信息。由"目的论"可知，翻译是一种有目的的行为活动，翻译目的贯穿翻译过程的始终，那么，要使文学作品的翻译以文化交流为目的，译者就要对原语文化进行深刻的理解和分析。文化的重要性不言而喻，语言是文化的一部分，翻译语言就是翻译文化，文化包罗万象，文化因素的成功翻译决定了译文的交际目的，由此看来，译者肩上的责任重之又重，正如王佐良所说："翻译者必须是一个真正意义上的文化人。"

（二）文化翻译手段——归化和异化

德国著名的语言学家、翻译理论家施莱尔马赫（Schleiermacher）于1813年在其论文《论翻译的方法》中指出两种翻译文化的途径："尽可能地让作者安居不动，而引导读者去接近作者"和"尽可能让读者安居不动，而引导作者去接近读者"。此后，美国著名翻译理论学家劳伦斯·韦努蒂（Lawrence Venuti）于1995年在《译者的隐身》（*The Translator's Invisibility*）中提出了"异化法"（foreignization）和"归化法"（domestication）。归化是指把原语本土化，以译文读者为归宿，采取目标语读者所习惯的表达方式来传达原文的内容，简而言之就是文化的诠释。归化翻译要求译者向目的语的读者靠拢。归化翻译有助于读者更好地理解译文，增强译文的可读性和欣赏性。异化是指吸纳外语表达方式，使译者向作者靠拢，采取原语作者所使用的原语表达方式传达原文的内容，即以原语文化为归宿，即文化的保留；异化是为了考虑民族文化的差异性，保存和反映异域民族特征和语言风格特色，为译文读者保留异国情调。

文化的相似性及同一性为归化法提供了客观依据，文化差异或空缺现象又为异化策略提供了前提条件，可见归化和异化是如何处理原语和目的语（译语）的文化差异的。从翻译的目的来看，两者不是互相矛盾、互不相容的，它们的使用也不是绝对的，译者应根据实际情况灵活使用其中之一或两种结合使用。

四、重视翻译教学，提高学生的翻译能力

翻译是人类在交流思想过程中使用不同语言沟通的桥梁。翻译是把一种语言（原语）的信息用另一种语言（译语）表达出来，使译文读者能得到原作者所表达的思想与原文作者大致相同的感受。翻译要求译语要从文化的角度准确地再现原语所要传达的意义、方式及风格，译者不但要有双语能力，而且还要具有双文化乃至多文化的知识，特别是要对两种语言的民族心理意识、文化形成过程、历史习俗传统、宗教文化及地域风貌特性等一系列互变因素均有一定的了解。

（一）文化与翻译的关系

一个民族既有自己的语言，又有自己的文化。语言像一面镜子，反映着民族的全部文化；又像一个窗口，揭示着该文化的一切内容。而文化又是语言赖以生存的根基，是语言新陈代谢的生命源泉。语言和文化相互依赖、相互影响。语言是文化的载体，同时又是文化的重要组成部分，是文化信息的代码。语言作为一种认识世界的工具，反映了该语言社团认知世界的方法，记录了该民族历史、文化发展的轨迹，集中体现着该文化传统的价值取向、宗教信仰、风俗习惯等文化信息。语言与文化是一个互为依存、密不可分的整体。没有语言，文化就不可能存在；语言也只有能反映文化才有意义。因为翻译首先涉及的是意义，而词只有与文化相关联才有意义，这就要求译者在进行语言处理时，具有深刻的文化意识。翻译是将一种文化环境里产生的作品移植到另一种文化环境里，因此是一种跨文化的交际活动。翻译在某种程度上讲也是一个思维再创造的过程。在翻译过程中，译者必须遵循一定的标准与原则，"忠实和通顺"是两项基本要求。译者首先要忠实于原作的内容，也就是说，翻译的过程主要是传达别人的意思，而不是自己进行创作。只是文字翻译更注重形式上的忠实，而文化翻译则致力于对其文化内涵的准确传达甚至基于本土文化视角的一种重

新解释，准确地理解原文是翻译好一篇文章的关键。同时译文要流畅、明了、易懂。总之，任何翻译都离不开文化的传达。

（二）语言是文化的载体，译者必须具备文化意识

德国语言学家洪堡特认为，语言是文化的载体，同时又是文化的重要组成部分，语言和文化是一个互为依存、密不可分的整体。语言是自我的表达，也是文化的反映。世界上没有哪一种语言能离开特定的文化，任何语言都充满了人类文化活动的痕迹，不仅体现了本民族的自然环境、历史渊源、风土人情、传统习惯，而且也透视着该民族的宗教信仰、文化心态、思维方式、价值观念。语言和文化相互作用、相互影响，理解语言必须了解文化，理解文化又必须了解语言。有时即便对某个成语典故的文化含义有所了解，但是如果在翻译中不能根据语境灵活处理，也有可能达不到"传真"的效果。

译者必须具有文化意识。译者要认识到翻译既是跨语言，又是跨文化的信息交流，而文化的差异跟语言的差异一样，可能成为交流的障碍。缺乏文化意识的译者，可能只顾到字面上的转换，而忽视了语言背后的文化问题，一心只想在汉语中寻找"地道"的对应词，最终导致了不应有的误译。

（三）译者的文化意识

译者必须具有文化意识。在某种意义上，语言的转换只是翻译的表层，而文化信息的传递才是翻译的实质。文化的差异跟语言的差异一样，可能成为交流的障碍。缺乏文化意识的译者，可能只顾到字面上的转换，而忽视了语言背后的文化问题。

在翻译过程中，译者仅仅具有语言对比意识是不够的，还必须具有敏锐的文化对比意识。译者应该充分考虑词语所包含的民族文化与语言个性，充分理解词语所蕴含的独特的文化意味，尽可能结合原文的文化背景，保持原文的语言风格、语言形式及艺术特色。翻译就是交际，译者的责任之一就是避免文化冲突。因为文化冲突会导致各种形式的误解，所以，译者在把一种文化移植到另一种文化中去时，要仔细斟酌文化思想意识的内涵。作为"传播者"的译者，在跨文化交际中，要消除隔阂，把原语文化的意义传递给目的语文化的读者。译文读者往往用自己的文化观念来理解译文的内容，所以译者应尽可能使原语文化所反映的世界接近目的语文化读者的世界。

因为语言反映文化，承载着丰厚的文化内涵，并受文化的制约，一旦语言进入交际，语言便承担着对文化内涵的理解和表达问题。这要求译者不但要有双语能力，而且还要具备相应双语文化的知识，要了解两种语言文化的民族心理意识、文化形成过程、历史习俗；对其宗教文化及地域风貌特性等都需有一定的了解和认识。翻译要将两个不同民族，甚至多个不同民族的文化结合起来，如果离开文化背景去翻译，那么便不可能达到两种语言的真正交流。

文化、语言、翻译三者之间的关系，指出了译者的文化意识对翻译的影响。作为一个译者，若想有好的翻译水平，必须具备文化意识，而且必须做到不断提高自己的文化意识，来帮助两个不同的民族进行深入的思想交流，促进各民族的共同繁荣发展。

第三节　英语翻译的原则与标准

一、英语翻译的标准

对于翻译文学作品，译文应该遵循等值原则、等效原则、语域语体相符原则，使译文保持原文携带的所有信息，并合乎译入语规范，只有这样，文学翻译的作品才是合格的。在文学翻译中，使用恰当的翻译标准是很有必要的。

关于翻译标准的说法很多，虽说法多样，但很多论述的几种翻译标准是一致的、互补的。以下先就翻译标准的各种说法做一个简单的叙述。严复是中国近代第一位系统介绍西方学术的启蒙思想家，在介绍西方学术的同时提出了翻译的标准——"信、达、雅",对中国现代的翻译实践和理论研究产生了巨大的影响。林语堂为翻译定下了三个标准:忠实标准、通顺标准、美好标准。他认为信、达、雅的问题实质是,第一,译者对原文方面的问题;第二,译者对译文方面的问题;第三,翻译与艺术文的问题。换言之,就是译者分别对原作者、译文读者和艺术的责任问题。美国翻译理论家奈达博士在其《翻译科学初探》一书中提出"对等论",强调读者反应,以及译文读者对译文所产生的反应与原文读者对原文所做出的反应基本一致。我国的范仲英教授进一步阐明了翻译的"感受"标准。他说:"把原文信息的思想内容及表现手法,用译语原原本本地重新表达出来,使译文读者能得到与原文读者大致相同的感受。译文读者和原文读者的感受大致相同或相似,就是好的或比较好的译文;相去甚远或完全不同,则是质量低劣甚至是不合格的译文。"以上所论述的几种翻译标准是一致的、互补的。总结起来,翻译的基本标准是,译文必须忠实于原文。这是指忠实于原文的意思和风格,也就是把中文的内容用外文正确地表达出来。译文必须是流畅的外文。译文必须合乎译入外文的语言习惯,让使用这种语言的读者正确了解原意。如果不尊重外文的语法习惯,把中文的某些特殊的语法结构硬搬到译文中去,读者就会看不懂。

二、英语翻译的主要标准

一般来说,翻译的标准主要有两条:忠实和通顺。

(1)忠实。忠实是指忠实于原文所要传递的信息,也就是说,把原文的信息完整而准确地表达出来,使译文读者得到的信息与原文读者得到的信息大致相同。

(2)通顺。通顺是指译文规范、明白易懂,没有文理不通、结构混乱、逻辑不清的现象。

第三章 英语翻译的现状及问题的解决方法

第一节 英语翻译的历史与现状

一、西方翻译学历史

在欧洲，翻译实践有长远的历史。有人甚至认为，欧洲文明源于翻译，上至罗马帝国，下至今天的欧洲共同市场，都要靠翻译来进行国际贸易。

将近 2000 年的时间，欧洲的翻译活动一直没有停止过。在古代希腊、拉丁文学方面，荷马史诗、希腊悲剧、喜剧和抒情诗，武奥克里托斯（公元前 310—前 250）、卡图卢斯（公元前 87—前 54）、普卢塔克（公元 46—120 或 127）的作品等，多次被译成欧洲许多国家的语言。在保存古希腊文艺方面，阿拉伯译者做出了巨大的贡献。至于欧洲各国古代和近代的其他大作家，如维吉尔、但丁、莎士比亚、歌德、塞万提斯、安徒生、易卜生、托尔斯泰、陀思妥耶夫斯基、莫里哀等的作品，也都多次被译成其他国家的语言。在东方文学方面，阿拉伯的《一千零一夜》、日本的能剧、中国的小说诗歌、印度的《故事海》《薄伽梵歌》《沙恭达罗》等都译成了欧洲语言。特别值得一提的是，印度的《五卷书》，通过中古波斯文和阿拉伯文译本，反反复复地被译成了多种欧洲语言，产生了巨大的影响。

（一）翻译派别

欧美许多国家的翻译理论是五花八门的。从大的方面来看，可以分为两大派：一派是翻译可能论，另一派是翻译不可能论。其实，完完全全、百分之百的可能是没有的，完完全全、百分之百的不可能也是没有的。世界上一切翻译活动都是在这两个极端之间进行的。

（二）争论

翻译一篇作品或者一段讲话，必然涉及两种语言：一种是原来那个作品或者讲话的语言，德国学者称之为 Ausgangssprache（源头语言），英美学者称之为 Original 或 Source language；另一种是译成的语言，德国学者称之为 Zielsprache（目的语言），英美学者称之为 Target language。二者之间总会或多或少地存在着差距。因为从严格的语言学原则上来讲，绝对的同义词是根本不存在的。一名译者，不管翻译水平多么高，也只能尽可能地接近源头语言，而不可能把原意和神韵完全传达过来。译者的任务就是处理两种语言之间的关系。关于翻译工作，一般的看法是，逻辑的抽象的东西，如数学、物理、化学等著作，翻译起来比较容易，但是也有含义转移的危险。重在故事情节的作品，如浅薄平庸的小说之类，翻译起来也比较容易。重在说理或鼓动的作品，如格言诗、论战文章、政治演说、有倾向性的剧本及讽刺文学等，翻译起来也不是十分困难。但是重在表达感情的高级文学作品，翻译起来就极为困难。在这里，翻译或多或少只能是再创作，只能做到尽可能地接近原作，原作的神韵、情调是无论如何也难以完全仿制的。特别是源头语言中那些靠声音来产生的效果，在目的语言中是完全无法重新创造的。除了翻译可能与不可能的争论之外，还有直译与意译的争论。这种争论在欧洲也有很长的历史，但在中国尤其突出。

二、中国翻译学历史

（一）起源

中国的翻译理论和实践在世界上有较高的地位。《诗经》中就讲究翻译的信达雅，《礼记》已有关于翻译的记载。《周礼》中的"象胥"，就是四方译官的总称。《礼记·王制》提到"五方之民，言语不通"，为了"达其志，通其欲"，各方都有专人，而"北方曰译"。后来，佛经译者在"译"字前加"翻"，成为"翻译"一词，一直流传到今天。由于中国早期历史所处的环境，中华文化的近邻在很长时间内都没有自己的文字，所以直到佛教传入前，翻译并不广泛存在。

（二）历史

宗教文献翻译在历史中占有非常重要的地位，如在佛经翻译中，在翻译经藏时，译者往往会在文件中修饰，令译文更切合中国文化。他们会在译本中增加一些中国的传统观念，如孝道等。

据中国君友会佛教文献记载：玄奘（600—664）主要生活在初唐时期，是一个志存高远、意志坚强的僧人。28岁时，他抱着"一睹明法了义真文，要返东华传扬圣化"的宏图大志前往印度求学。唐太宗在《大唐三藏圣教序》中对玄奘西行有如下描述："乘危远迈，杖策孤征，积雪晨飞，途间失地，惊砂夕起，空外迷天。万里山川，拨烟霞而进影，百重寒窗，蹑霜雨而前踪。"玄奘西行印度17载，其间历经艰辛，回国时已是45岁左右。在他生命的最后20年中，所做的主要工作就是译经，总共翻译了佛教大小乘经论75部1335卷，共计1000多万字。玄奘的译作从数量和质量上都达到了中国佛经翻译史上的高峰。印度学者柏乐天认为，玄奘的译作是中印两国人民的伟大遗产，指出"玄奘无论如何是有史以来翻译家中的第一人"。

（三）翻译派别

在主张直译方面，瞿秋白和鲁迅见解一致。他说："翻译——除能够介绍原来的内容给中国读者之外——还有一个很重要的作用：就是帮助我们创造出新的中国的现代言语。"但是他同时指出："当翻译的时候，如果只管装进异样的句法等等，而不管是否活人嘴里能够说得出来——那么，这些'异样的句法'始终不能据为己有。"他认为，"新的言语应当是群众的言语——群众有可能了解和运用的言语"。现代许多翻译家基本上都是直译派。

所谓"直译"是指：原文有的，不能删掉；原文没有的，不能增加。这与译文的流畅与否无关。鲁迅翻译的《苦闷的象征》等书，行文非常流畅，但仍然是直译。

所谓"意译"，是指对原文可以增删。古代的鸠摩罗什属于这一派。郭沫若一方面说："我们相信理想的翻译对于原文的字句，对于原文的意义，自然不许走转，而对于原文的气韵尤其不许走转"；另一方面，他也主张："我知道翻译工作绝不是轻松的事体，而翻译的文体对于一国的国语或文学的铸造也绝不是无足重轻的因素。"茅盾更是简洁了当地指出："翻译文学之应直译，在今日已没有讨论之必要。"他又说："'直译'这名词，在'五四'以后方成为权威。"傅斯年、郑振铎、周作人、艾思奇等都主张直译。因此，可以说，在近现代中国翻译史上，直译是压倒一切的准则。

比较欧洲和中国翻译的历史，以及翻译的理论，可以看出，东西方探讨的问题基本相同。双方都讨论翻译的可能与不可能的问题，也讨论直译与意译的问题。但是双方也有不同之处。西方谈翻译理论，偏重于可能与不可能的问题，以及可能的程度。他们得出的结论是，文学翻译难，科技翻译易。直译与意译问题，也偶尔涉及，但不是重点。

在翻译的基础或背景方面，欧洲与中国有所不同。在欧洲，除了最早的希伯来语以外，基本上是同一语系的语言之间的互相翻译。因此才产生了某些理论家主张的翻译三分法：①翻译；②变换；③逐词对照本。这种三分法对中国来说是完全不适用的。中国绝不可能有变换。因为在中国几千年的翻译史上都是不同语系语言之间的翻译，在同一语系语言间才能变换。中国偏重于直译与意译之争，所谓文与质者就是。这是由于从佛经的翻译到现代科学文学著作的翻译，都有其特殊的文化和历史背景。中西方的思维方式有所不同，在这里也有所表现。中国讨论翻译的人没有对语言本质做细致的分析，而是侧重于综合，侧重于实际应用方面，因此谈翻译技巧多，而谈抽象理论少。在直译与意译的问题解决以后，如何解决具体作品和文句的译法问题将提到日程上来。

第二节 英语翻译的学习方法与策略

一、英语翻译学习方法论

翻译方法论是翻译学中重要的应用理论研究领域之一。研究方法论、学习方法论是每一个从事翻译工作的人必须重视的任务。习语是任何语言中最富有特色的一部分瑰宝，其中多数包含本民族特有的文化特征。因此，习语的翻译并不仅仅是两种语言字对字的互译。

（一）翻译方法论的基本理论原则

1.科学的方法论必须扬弃机械论和形而上学

这个原则的理论含义是：翻译的科学方法论以语言分析（语法分析、语义分析、语用分析及文体分析等）、对比语言研究和逻辑分析为依据。因此，在语际转换手段的运用中，不以表面的形式对应为目标，而是紧紧抓住翻译是语际的意义转换的实质，既强调概念意义的对应，也强调形式意义尽可能地对应。在翻译中，只顾概念意义，不顾形式意义是错误的；只顾形式意义，不顾概念意义也是错误的。任何方法的运用，必须既考虑各种意义转换的效果，又考虑形式转换的可能性。意义与形式的辩证统一是基本的指导原则。

2. 翻译学是经验科学，但排斥经验主义

这一原则的含义主要包括以下几个方面：

（1）不能将个别经验或个人经验视为具有广泛实用性的方法。个别经验或个人经验的实用性通常仅仅局限于一时一地，因此，往往带有很大的局限性、片面性。科学的翻译方法论不是个别经验或个人经验的总结，而是为普遍的实践效果所验证的科学规律。

（2）科学的方法论虽然具有普遍的实用性，但是对翻译科学发展与全局而言，却并不存在"无限真值"。因为语际转换都只能是具体的，不存在抽象的原语或目的语，因此，不可能有抽象的适用于各语种、各语系的方法论。方法论的对策性具有广泛的相对意义。即使是对某一对具体的原语和目的语而言，方法论作为一个体系也必须具备方法的兼容性、并存性和选择性。

（3）这一原则也有助于我们端正对外国翻译理论（包括方法论）的态度。今天，在我们开拓理论研究领域，建设中国的翻译理论时，外国翻译理论无疑具有不可否认的借鉴意义。但是不论外国翻译理论如何完备或先进，都不能取代我们自己的理论研究。因为我们的方法论的对策性是明确无误地针对汉语与外语的转换而制定的，而离开了对策性，方法论研究就会失去它应有的功能和意义。

（4）方法论是发展的。随着社会的进步、语言接触的加强和语言科学研究的发展，以及翻译理论领域的不断开拓及翻译实践的更大规模、更深层次开展，新的理论视界必将展现，新的理论概念必将诞生，某些可译性障碍必将被突破，新的语际转换手段和信息交流通道必将被揭示和运用。因此，我们的研究视界必须是开放的，而不是封闭的，任何方法研究都不是已穷其极。

（二）习语翻译常用的翻译方法

在讨论了翻译方法论的基本原则之后，现在让我们来探讨习语翻译中经常用到的翻译方法。

1. 对应

"对应"（equivalence）的目的是寻求并获得"对应体"（equivalent），其条件如下：

（1）双语的词语所指同一，即对于同一外部世界的事物，双语在概念上形成同构（具有对事物或物质的实体对等）。

（2）双语句法关系相应，从而使句子的语义可以在结构上获得对应。

由于其概念范畴及用法有限定而且稳定，对应制约了语言的模糊性，从而保证了双语间信息交流的基本可能性及稳定性。因此，我们可以说，对应是双语间对应转换的基础。

2. 替代

"替代"（substituting）也可以称为"变换"，从词法上说是易词而译，即变换一个词，越过可译性"障碍点"；从句法上说是易句而译，即变换一句译语，透过原句表层，抓住语义结构，以不同的句子译同一个意义的原句。替代是非常有效的可读性优选法，也是重要的功能代偿手段。

3. 阐释或注释

"阐释"（注释）（interpretating）就是在双语转换中用目的语给原语中的可译性"障碍点"做注释，以利于读者理解。

4. 还原

"还原"（restituting）就是淡化原语的色彩，其中包括各种无法在目的语中找到对应体的文化信息、形象比喻、典故等。毫无疑问，"还原"也是一种克服语言障碍的应变对策，不是一种理想的意义转移手段。在无法逾越的文化或表达法障碍前采取白描法虽然差强人意，但比"硬译"仍然略胜一筹。

总之，翻译的方法论博大精深，对于习语的翻译确实具有很大的指导作用。但同时，我们要认识到，以上所讨论的只是习语中的一小部分，相当一部分习语是变化多样、没有规律可循的，因此在习语的翻译中要做到具体问题具体分析。

此外，翻译的方法论是一个开放的系统，要"穷尽其法""穷尽其巧"也是不可能的。因此，在我们实际的翻译工作中，我们不但要尽量学习已有的翻译方法论，用其来指导我们的翻译工作，而且要开阔眼界，不拘泥于已有的翻译技巧和翻译方法，不断进行新的探索；同时，对习语认真加以分析。只有这样，我们才能真正把握翻译方法论的精髓并做到习语的成功翻译。

二、文化翻译

翻译作为一项国际性的研究活动，反映的不仅是不同国家不同文化的内涵，同时也是在展示文化差异和文化相通。因此，文学作品中的文化翻译就变得尤为引人注目，特别是对文化点的解读与传真，是保证翻译质量、翻译美感和翻译效果的重要环节。

翻译中的文化翻译难度之高，主要在于原语所承载的文化的翻译与传真。当然，文化差异是导致这种问题存在的根本原因，这也是不可避免的，因此，对于文化翻译的准、真和易于接受，成为我们在翻译实践中的准则。而文化翻译即为文化信息的合理传达。

但之所以要迎难而上，一再研究文化翻译的问题，主要是因为文化翻译的意义和作用是极其重要并且不可替代的。因为这是增强不同民族和文化交流与互动的必要步骤。没有交流就没有提高，没有进步。其作用在于促进不同文化的共同发展和丰富。

然而，虽然文化翻译有诸多难处，并非一日之功，但是，如果能够最终达到文化的合理传达，会给读者带来很深刻的异国情趣。同时，对译者本身来说也是一种享受和乐趣。

三、再议翻译

什么是翻译？翻译的目的和本质是什么？怎样做出理想的翻译？这些是任

何一个翻译理论研究都不能避免回答的基本问题。随着翻译活动的发展，一系列实用的或科学的翻译理论诞生了。翻译也许是一种语言学的活动，因为它是将原语转换成目的语，但是如果我们停留在这一点上，就必定会产生一些错误和误解。此外，一些文化信息和一些暗示也不能传达给读者。语言和文化之间的紧密联系决定了文化在翻译过程中扮演着一个重要的角色。译者除了要理解原文的意思和信息的传递外，还必须重视一些文化的意义。因此，翻译既是一种语言学活动，又是一种文化活动。

在翻译活动中，译者的第一选择是求助于语言学来寻找解决翻译问题的出路。这样一来，翻译就有彻底被纳入语言学领域的危险，特别是现代语言学和结构语言学。但是，语言的结构（一些形态和句法的形式）只有被注入了具体的意思才具有意义，也就是语义学。这一发现对于翻译理论的发展可谓意义重大。因为翻译是一些思想和意思在原语和目的语之间的传递，所以语言必定成了具体意义的载体。也就是说，要在缺少意义的话语中注入一些具体的意义。这一观点把翻译从语言学中分离出来，把翻译看成是通向一个思想、一种跨语言和跨文化间交流的特殊道路。不同类型的翻译所呈现的问题，仅凭在语言学上的一些分析技巧是不能解决的，同样还需要对文化的理解和传递。其实，一个理想的翻译不仅要求译者掌握外语，还要求对说这种语言的群体的文化做系统的研究。

第三节 英语翻译人才的困境与解决方法

一、英语翻译人才培养

在英语"听、说、读、写、译"五项基本技能中，"听、读"属于语言的输入（input），"说、写、译"属于语言的输出（output）。"译"虽然被排在末尾，且常常被忽视，但它却是在其他四项基本技能的基础之上对英语能力的综合运用和升华，并且是除了英语综合能力考试之外唯一单独有全国统一资格考试的。从全国来看，20世纪20年代以后到1949年以前，大学里的公共英语课把提高学生的阅读和翻译能力作为主要任务，以语法翻译法为主要的外语教学法，翻译只是用作外语学习的一种主要方法和检查学生外语理解程度的手段，很少有专门的、正规的翻译教学。人们并没有把翻译当成一门学科，而更多的是当成一门"艺术"。不掌握翻译方法和技巧，只是作为辅助练习，不能解决问题，最好能开设专门的翻译课，因为学生的听、说、读、写最后都归结到"译"的能力上来。

作为沟通的一种手段，翻译显得越来越重要。通过对翻译进行不断的探讨和研究，翻译工作者将对翻译有更深入的了解。翻译是使用不同语言的人们之间进行沟通的桥梁，是用一种语言对另一种语言的内容进行准确而又完整的表达。

接下来我们来看目前国内高等教育教学中翻译专业的学科设置。从定性方面来看，"翻译理论与实践"专业是国内培养硕士或博士研究生的专业名称，列在文学门类的外国语言文学之下，与"英语语言文学"和"语言学与应用语言学"等专业并列。到目前为止，以"翻译理论与实践"为硕士点的正式名称也被合并到外国语言文学的应用语言学中，翻译专业硕士和博士研究生都是在语言文学专业下的翻译方向上培养的，这种状况与中国的经济建设和文化发展是极不协调的。

在实际教学中，我们经常可以发现以下奇怪的现象：学生明明已经弄懂单词、词组和整句的意思，可一旦翻译成另外一种语言，就前言不搭后语，甚至不知从何下手。不少非英语专业的学生坦言：大学时花在英语上的时间和精力不可谓不多，可在翻译文章时，还是经常遇到"只可意会，不可言传"的尴尬。究其原因，不外乎如下几点：

（一）缺乏扎实的英语功底，未能透彻理解原文

翻译要求译者对原语"透彻地理解"，再用译语"准确地表达"。正确理解是翻译表达的基础。译语要恰如其分地"达意传神"，最起码的前提是理解原文。要做到这一点，译者需要有较扎实的英语功底。如果译者没有掌握英语词法、句法、习惯表达和相当的词汇量，那么翻译一定是困难重重。在翻译选修课中，学生由于英语功底欠佳，未能透彻理解原文而造成的误译、错译问题较为普遍。

（二）缺乏基本的翻译技能，硬译、死译现象严重

所谓硬译或死译，是指学生在做翻译练习时，虽然能够看懂原文，但由于缺乏基本的翻译技能，译文过于拘泥于原义形式，一味追求形式的对等，置翻译效果于不顾，因而晦涩难懂，甚至不知所云。

英语常用定语从句，而且定语从句有时很长，但汉语没有定语从句，也不习惯用长定语，如把英语长定语也机械地译成汉语长定语放在中心语的前面，既不符合汉语表达习惯，读起来也会感到非常别扭。所以，较长的英语定语从句往往须用拆分法来翻译。

二、开设英语翻译选修课的必要性

翻译既是一种技能，又是一门科学，不是英语学到一定水平就可以自然掌握的。在大学英语界始终存在一种观点，认为只要通过阅读分析，使得理解能力提高了，英译汉自然就解决了；只要通过阅读，有了足够的语法知识和词汇量，汉译英表达就不成问题了。一句话，只要抓住阅读，输入足够的语言知识，翻译自然不难。但学生在翻译过程中反映的问题和教学实践证明情况并非如此。所以，开设英语翻译选修课是十分必要的。

（一）开设翻译选修课是对大学公共英语教学有益的补充和延伸

由于受教学大纲、教学内容及教学目的的限制，大学公共英语教师除了完成正常的教学外，其主要任务之一是帮助学生通过四、六级考试。所以教师和

学生都成了应试机器,教师的教学内容自然而然也就围绕着应试重点讲解词汇,重点练习听力,大量进行阅读理解的训练,而课文中的翻译练习要么忽略不做,要么留给学生作为课后练习,与翻译有关的翻译知识、技巧及方法就会受到冷落。开设翻译理论与实践,如英语翻译技巧、文化与翻译、英汉语言对比等选修课程,不但会引起学生对翻译的重视,而且能弥补大学公共英语教学在翻译方面的不足。

(二)开设翻译选修课是学生自身发展的需要

随着"英语热"的一再升温和就业市场的日趋激烈,不少学生不再满足于英语学习只停留在词汇的积累和语法的掌握及四、六级的考试过关上,他们需要有更大的发展(如考研)和英语实际应用能力的提高。为学生开设翻译这门应用能力选修课程,有助于拓展学生的基础知识领域,培养学生的综合应用能力。通过翻译选修课,学生可以提高翻译技巧,了解文化与翻译,了解英汉语言对比。另外,学生可以更好地了解一些常用词及其习惯用法,尤其是对多义词的理解,提高对语言的洞察力和理解力,以及灵活的表达力和创造力,从而进一步促进英语学习能力的提升,为未来的发展奠定坚实的基础。

(三)开设翻译选修课是时代发展的要求

当前,国际交流空前频繁,交通和通信行业飞速发展,地球已经变成一个村落(global village),"globalization"(全球化)已变成一个频繁使用的词语。随着现代科学和经济的迅速发展,各门学科之间相互渗透的趋势日益明显,复合型人才的需求也在急剧增长。形势的变化、时代的发展,使得社会对翻译交际能力的需求再也不是少数外语学院/系的毕业生能够满足的,而是需要一大批具有这种应用能力的人才。翻译课不应只是专业外语的专利。所以,开设英语翻译选修课程也是社会和时代发展的迫切要求。

三、科技翻译人才培养的必要性

随着中国外语教育事业的发展，外语专业的课程设置已经从单纯的语言文学扩大到文化、经贸、外交、新闻、法律、宗教、经济、军事、医学、科技等领域。不少外语院系根据各自不同的培养目标，在保证学生语言技能达到一定要求的前提下，开设了上述各领域的课程，使学生在掌握一门外国语言的同时，学会一门专业技术，以适应人才市场对复合型外语人才的需求。

在翻译人才培养机制方面，我们可以通过现有的翻译队伍来分析：在全国翻译队伍中（包括业余翻译），科技翻译队伍庞大。科技翻译作为国家科技信息事业中的一个重要组成部分，是传播全球科技信息、科技知识、科研成果的重要途径，对科技发展起着桥梁和纽带的重要作用。

四、科技翻译人才培养的机制

一个世纪以前，马建忠就建议设立翻译书院用以专门培养翻译人才。我们可以借鉴一些发达国家（地区）的经验。参照中国香港的经验，可以把翻译教学分成两大类：一类以翻译教学为主，如科技翻译等，重点学习每个专业特有的语言和文体；另一类是通才翻译教学，重点学习两种语言和两种文化的对比，了解文学翻译和各类职业翻译的特点。经过科技职业翻译培训的学生，可以更快、更好地适应实际工作需要，成为合格的科技职业口笔译人员；经过通才翻译培训的学生，可以进一步深造，或从事文学翻译，或从事翻译教学，或从事翻译研究。

我国的科技翻译工作，参加人员众多，但主要是由两种人来组成的，一种是外语院系毕业生，另一种是理工科专业毕业生。这两类毕业生都需要经过较长时间才能逐步适应工作，且不论从数量上还是从质量上，都难以满足对外交流和引进科技成就的需要。根据调查，科技翻译队伍存在以下问题：年龄层次不合理，年纪偏大，面临断层；结构不合理，呈橄榄型，缺乏初级人员；学科分布不合理，工科占绝对优势；总体人数太少，只能翻译科技文献中的很少一部分；等等。

  进入大学以后，外语专业的学生不用学习数理化和科技知识，理工科专业的学生无须学习文史知识，这些学生毕业后若从事科技翻译工作，都需要补课，学外语的学生补习理工科知识十分吃力，理科学生补习外国语言和文化知识还比较顺利，但也需要一定的时间。因此，这种补习是漫长而痛苦的，要花费许多时间和精力才能适应工作需要。国外有不少培养翻译人才的机构，在大学一年级或二年级前都不分文理科，从二年级或三年级的学生中经过考试选拔双语基础都好的学生进入翻译系学习。国内有些理工科大学的科技外语系，从理科考生中经外语口笔试选拔学生，或者干脆从学完两年基础课程的理工科学生中选拔双语基础均佳者送外语院系插班学习（如西安电子科技大学和华东石油学院等）。实践证明，这样培养出来的学生接受能力强，不仅语言基础能很快跟上外语院系的本科生，而且比他们逻辑思维能力强，科技知识丰富，能够出色地承担起科技英语教师和科技翻译的工作。

  因此，要培养科技翻译或科技外语人才，应具备以下两点要素：①选择文理科基础和双语能力俱佳的学生，最好是一、二年级学习其他文理专业，然后进行选拔；②要在三、四年级加强对科技知识的学习。翻译需要多方面的知识，而我国国内学翻译的绝大部分是外语专业的学生，没有或者缺乏非外语方面的专业知识；即使是翻译专业的研究生，因其毕业论文为理论性文章，故其专业技能和实际翻译能力也会打折扣。把翻译教学纳入英语教学内容，制定统一的教学大纲，让非英语专业学生有机会学习翻译技巧，无论是对于培养科技翻译人才，还是对于翻译学科和经济社会的长足发展，都是极其重要的举措。

五、英语翻译教学的问题与对策

蔡基刚教授早在 2003 年就已经指出:"翻译课再也不是专业外语的专利。形势的变化,社会对翻译交际能力的需求再也不是少数外语学院的毕业生能够满足的。它要求一大批有这种应用能力的人才。翻译课在英语教学中有它重要的、不可缺少的地位,时机已经成熟。随着教育部《大学英语教学改革工程》的正式出台,越来越多的大学开始改革自己的英语课程设置。翻译这门应用能力课程在大学英语界将得到越来越多的重视。"然而,由于受四、六级考试反拨作用的影响及教师在教学中过于重视听说能力,学生在大学英语基础教育阶段缺少基本翻译理论和翻译技巧知识。随着英语教学改革的推进,大学英语后续教学课程得到广泛开展,正如蔡基刚教授所指出的那样,各个高校也陆续开设了英语翻译课程。然而在教学过程中我们却发现,许多大四学生连个人简历、论文摘要都需要求助他人,因此,如何在压缩课时的情况下提高教学效果,达到《大学英语课程教学要求》所规定的翻译教学的三个层次的教学目标,就成了广大英语教师共同追求的目标。我们将就英语翻译教学存在的问题及如何提高翻译教学的质量进行探讨。

(一) 英语翻译教学存在的问题

1. 翻译教学与社会需求相脱节

大学英语是我国各大高校设置的一门必修基础课程,多年来它为提高我国学生英语水平做出了突出贡献。但随着社会的发展,各行各业对大学毕业生外语能力的需求已经呈现出多元化、专业化趋势,社会各界对大学毕业生在实际工作中的英语翻译能力的需求正呈现上升趋势。然而英语翻译教学往往还停留在一般的翻译理论的讲授和文学翻译的层面上,教学内容与社会需求相脱节,在翻译教学内容与材料的选择上,没能根据社会和学生的不同需求制定课程大纲,体现出翻译教学应有的时效性,也没能体现出社会经济发展的需要,不符合学生毕业就业的需求。

2. 学生缺乏必要的翻译理论和翻译技巧

基础教育阶段的英语教学对听说能力训练不足，需要在大学期间加大培养的力度。因此，在大学英语基础教学阶段，教学活动主要是围绕着听说与阅读能力的培养来进行的，这无法使学生的翻译能力得到真正的提高，学生对翻译理论和翻译技巧也往往一无所知，甚至还有学生认为只要加大阅读量，翻译能力自然会提高。其实不然，翻译是一种综合技能。如果我们把阅读看作"语言输入"、写作是"语言输出"的话，那么翻译就是集语言的"输入"与"输出"于一体的一种双向活动。首先摄入、理解原文的语码，然后将之转化为另一种语码加以输出，而这种输出一定要依赖于坚实的基础，这些基础包括一定的翻译理论和翻译技巧，以及双语文化背景知识和文化转换能力，没有这些基础，单靠提高阅读能力、死记语法规则和扩大词汇量是无法提高翻译能力的。正因为对翻译教学不够重视，在教学中我们就会发现学生缺乏相应的英汉词语、句子对比的知识，缺乏对中英文化差异的了解，更缺乏翻译理论知识和一定的翻译技巧。

3. 传统的教学模式影响教学效果

英语翻译教学仍然拘泥于传统的教学模式。传统教学模式存在以下弊端：

（1）课堂上往往以教师为中心，以教师灌输式的讲授为中心，学生被动地听课。这种模式忽视了学生的主观能动性，在实际教学过程中过于拘泥于教师的讲授，过于侧重于学生翻译的译文，因此缺乏足够的师生、生生互动与合作，课堂过于沉闷，很难激发学生的学习兴趣。

（2）由于外语师资缺乏，翻译课往往是大班授课，有的甚至是100多人的班级，教师很难照顾到每一位学生，因此翻译课的教学效果很难得到保障，而学生也很难在这种氛围中提高自己的翻译能力。

（3）传统教学模式课堂容量有限，很难兼顾到教师的讲解和学生的反复操练，往往会使教师忙于内容的讲解而忽略了学生的训练，而翻译课是需要理论与实践相结合的课程，缺乏实践环节必然很难巩固教学效果。

（二）提高翻译教学质量的对策

1. 将英语教学要求与社会需求、学生需求相结合

教育部发布的《大学英语课程教学要求（试行）》（以下简称《要求》）明确了英语教学在翻译能力上的三个层次的要求：一般要求、较高要求和更高要求。其中，即便是一般要求，也已经达到了一定高度。《要求》也明确了大学英语的教学目标是培养学生的英语综合应用能力，特别是听说能力，以满足国家、社会和个人对英语的实际需要。王守仁教授指出，"从'因材施教'的角度看，我们应对学生进行需求分析，确定教学重点，把培养学生的英语综合应用能力的任务落到实处"。因此，翻译教学应该满足国家、社会和个人对英语的实际需要，也就是翻译教学应该充分考虑到市场需求，将翻译教学与社会和学生的实际需要紧密相连。

众所周知，兴趣在学习中起着至关重要的作用，人们对感兴趣的事物总是愉快地、主动地去探究。因此，在翻译教学内容与材料的选择上，可以根据社会和学生的不同需求设定不同的学习模块，如文学翻译模块、旅游翻译模块、科技英语翻译模块、法律翻译模块、商贸英语翻译模块、政论新闻翻译模块等。这些模块的设置应该能够体现出社会经济发展的需要，符合学生毕业就业的需求。将学生需求与翻译教学相结合可以让学生积极主动地融入教学，让他们自发地、主动地学习而不再是被动地学习。这将大大激发学生的学习兴趣，教学质量也自然会大大提高。

2. 将翻译理论与翻译实践相结合

无论是文学翻译、旅游翻译、科技英语翻译、法律翻译、商贸英语翻译、政论新闻翻译，都需要依托于一定的翻译理论、翻译技巧及文化背景知识，否则就会出现望文生义、胡译乱译的现象。翻译理论的重要性体现在它对翻译实

践的指导意义上。翻译理论必须和翻译实践相结合，只有在理论的指导下，学生才能知道怎样译，为什么这样译，完成"理论—实践—理论"的过程，使学生在未来的翻译实践中不断提高翻译水平，使他们的翻译能力更为完善。同时，翻译教学中还应加入必要的英汉语言对比知识和文化背景知识，让学生充分了解两种语言的不同，减少翻译中由于文化背景不同而出现的各种错误。缺乏必要的理论支撑，学生在翻译中就会出现各种错误。

3. 将传统课堂教学模式与现代网络教学平台相结合

传统的教学模式在翻译教学中仍然起着一定的作用，尤其是在翻译理论的讲解方面占据着不容忽视的地位。然而传统的教学模式过于注重翻译理论的讲解和习题的操练，课堂上往往过于以教师为中心，忽视了教学过程中的师生互动，尤其是生生互动，没能充分发挥教师与学生、学生与学生之间的交际作用。而且在课堂上，教师往往表现为过于挑剔学生的翻译错误，这很容易打击学生学习的积极性，使他们觉得翻译课乏味、缺少生趣，并由此缺乏学习兴趣。此外，传统教学模式还存在忽视学生个体的差异及课堂容量有限的弊端。

英语翻译教学网络互动平台教学模式的引入，可以弥补传统教学的缺憾。它可以将翻译教学从传统课堂延伸到网络课堂，促成教学空间的延伸，也可以将更多内容添加到翻译教学中，使教学信息更加丰富、内容更为多样化，极大地激发了学生的求知欲和学习兴趣。而且它可以根据学生个体因材施教，倡导鼓励学生自主学习，调动学生学习的积极性和主动性，使教与学在传统课堂和多媒体网络平台的共同作用下得以实现理论和实践的升华，使传统课堂教学的空间大大延伸。

当然，利用网络平台进行翻译教学对教师的要求较高，它需要教师投入大量的时间和精力，为了提高教学效果，教师要搜集大量的资料布置给学生，作为课前预习或课后练习。对资料的选择要求也较高，它要求翻译材料的选取要新颖、实用、富有针对性和实效性，而且要求翻译材料要多角度，要包括外贸、金融、法律、科技、经济、管理、外交、财务、保险、军事、教育等社会生活的各个方面，而且翻译资料要及时更新。教师可以将这些资料放入讨论版中，让学生进行翻译练习，班级里面每个学生都可以把自己的翻译习作展示在讨论版中，在班级讨论版中的每一个学生和教师一样都可以看到其他学生的翻译作品，并可以对别人的译作进行点评、探讨。学生与教师之间、学生与学生之间形成非常好的互动。教师对学生翻译中出现的错误，提倡学生间互评互改，最后由教师进行综合讲评。这样既保证了授课时数，又提高了教学效率，让学生能够以积极的心态和持续的热情认识和改正自己翻译中的错误，不断提高自己的翻译意识和翻译水平。这种教学模式使教师的作用从课堂内延伸到课堂外，使学生的注意力从课本学习转向能力培养，缩小了课堂教学与翻译实践之间的距离，能有效激发学生学习的内部动机，提高学生的参与度与责任心，并使其自学能力大大提高。为了更好地激发学生的参与热情，教师可以在网络平台上给每一个学生的译作打分，并将他们参与讨论的表现与这些成绩一起作为平时成绩的组成部分。

英语翻译教学已经走入各个高校，并得到越来越多的重视。随着人们对翻译教学的重视及现代网络技术的发展，随着任课教师不断改进教学方法，相信我们的翻译教学质量会不断提高，帮助我们的学生打牢翻译基础，全面提高英语综合应用能力和文化素养，使毕业生在走上工作岗位之后能够真正满足国家、社会和个人对英语的实际需要。

第四章　英语翻译过程

　　翻译过程是理解原文和创造性地运用另一种语言再现原文的过程，是一个非常复杂的过程。对于翻译过程的研究，中外的翻译理论家提出了各种解释。

　　奈达（Eugene A.Nida）在他的专著《翻译理论与实践》(*The Theory and Practice of Translation*)和《语言、文化与翻译》(*Language、Culture and Translation*)中都指出翻译的过程由"分析、转译、重组、检验"这四个基本步骤组成。他指出："翻译的四个基本过程包括：（1）原文分析；（2）从源语言到目的语言的转换；（3）用目标语言进行结构调整；（4）由代表目标读者的人员对翻译文本进行测试"。

　　在这四个基本步骤中，"分析"是最为复杂也最为关键的步骤。"分析"就是译者从语法和语义两个方面对原文的表层结构、原文的信息和内含之意进行分析，决定源语文本意义（词汇、句法和修辞意义）的阶段。整个分析过程又必须经过三个步骤：（1）确定词和词组之间有意义的关系；（2）确定词和特殊词组（例如习语）的指称意义；（3）确定词语的内含意义。

　　"转译"就是在译者脑子里把经过分析的信息从源语转译成目的语；"重组"指的是结构重组，即重新组织译文中的词汇、句法、语篇特征等，从而使读者能够最大限度地理解和领会译文；"检验"与分析、转译和重组这三个步骤有所不同，通过检验能迅速暴露译文中存在的问题。在"检验"阶段，译者应检测译文的准确性、可理解性、文体对等。译者还应注重译文与原文之间的动态对等，注重译文潜在接受者对译文的反应如何，而不是译文与原文字面意义上的对等。

　　美国翻译理论家乔治·斯坦纳（George Steiner）将阐释学直接引入翻译领

域，他在1975年出版的专著《通天塔之后：语言与翻译面面观》(*After Babel：Aspects of Language and Translation*)中提出了"理解即翻译"的阐释学思想，并提出了基于阐释学的阐释翻译的四个步骤，即"信任（trust/faith）、入侵（aggression/penetration）、吸收（incorporation/embodiment）、补偿或恢复（compensation/restitution）"。

其中第一步"信任"，指的是一种信任投资（an investment of belief），也就是说，译者相信文本中一定含有极具价值的内容，值得翻译；"信任"之后紧接着就是第二步"入侵"或理解的过程。斯坦纳将理解的过程看作一种不断趋近原文意义并加以挪用的行为。译者入侵、掠夺并把它们带回家，他认为只有侵占之后才能肯定它的真实存在。斯坦纳认为翻译是一个非常残酷的过程，他将此比作"一个露天矿，矿产资源被开采完后，留下的是一个巨大的'疤痕'，因此翻译是具有掠夺性的"。

第三步是"吸收"。斯坦纳指出对意义和形式的吸收都不是在真空中进行的（*The import, of meaning and of form, the embodiment, is not made in or into a vacuum.*），既包括对原文完全归化的吸收，又可能指向完全的异化。不论偏向归化还是异化，吸收的过程都会给目的语带来一定程度的改变。因此，在翻译行为中，为了恢复原有的平衡，"补偿"是必不可少的重要环节。

斯坦纳认为，通过翻译，原文还是被提升了，原有的隐含意义被挖掘，在新的地区和文化领域内获得了新生。斯坦纳进而指出：只有译者努力恢复由于他侵略性的理解所带来的不平衡时，才能保持对原文的忠实。补偿是"一种道德义务"，译者必须乐意对译文进行补偿，进而才有可能突出其主体性。补偿最终得以实现，要靠译者自身的道德水准和精神境界，极端的"归化"或"异化"都是不可取的。译者首先要持有异化的态度或心理，要保持源语的文化特征，还要通过不断的翻译，使目的语读者逐渐认识并接受源语的民族文化，这样才有助于丰富和扩充目的语文化。在这个意义上，目的语通过翻译得到了应有的补偿。斯坦纳的阐释学的观点给我们提供了一个研究翻译过程的崭新视角。

罗杰·贝尔（Roger T.Bell）在1991年出版的《翻译与翻译过程：理论与实践》（*Translation and Translating*：*Theory and Practice*）一书中将翻译分为两个阶段：（1）分析阶段（analysis phase）：将一个特殊语言的文本（源语文本）转换为一个非特殊语言的语义表达；（2）综合阶段（synthesis phase）：将此种语义表达综合成第二特殊语言的文本（译语文本）。在分析阶段，贝尔认为，在分析阶段，译者首先阅读源语言文本。阅读和输入阶段非常重要，因为对于读者来说，能够解析一个句子而不理解其中单词的意思是很常见的。在综合阶段，贝尔指出，在综合阶段，翻译过程接近于源语文本子句被转换成语义表征，译者做出将语义表征翻译成目的语文本的决定。

贝尔认为翻译过程涵盖以下内容：

（1）翻译是人类信息处理这个普遍现象中的特例。

（2）翻译过程模式应属于翻译信息加工的心理领域。

（3）翻译过程发生在短期记忆和长期记忆中，途径是对源语语篇进行解码，经由不属于任何特定语言的语义表征（semantic representation），将语篇编码为目的语。

（4）不论是在对输入信号的分析过程中，还是对输出信号的合成过程中，翻译过程都是在从句的语言层次上进行的。

（5）以自下而上（bottom-up）和自上而下（top-down）的方法处理语篇，这两种处理方法通过串联（cascaded）和交互作用（interactive）这两种运作方式得以整合。也就是说，不必在一个阶段的分析或合成完成之后才激活下一阶段，需要也允许进行修改。

贝尔从心理学的角度对翻译过程做了模式化的描述，分析了翻译时的阅读过程和写作过程，指出知识和技能在译者处理语篇时起着重要的作用，译者的阅读过程是分析过程，而写作过程则是综合过程。

巴兹尔·哈蒂姆（Basil Hatim）和伊恩·梅森（Ian Mason）在《话语与译者》（*Discourse and the Translation*）中将译者在翻译过程中所遇到的各种基本问题罗列为以下几条：

（1）Comprehension of source text：

① parsing of text（grammar and lexis）.

② access to specialised knowledge.

③ access to intended meaning.

（2）Transfer of meaning：

① relaying lexical meaning.

② relaying grammatical meaning.

③ relaying rhetorical meaning, including implied or inferrable meaning, for potential readers.

（3）Assessment of target text：

① readability.

② conforming to generic and discoursal TL conventions.

③ judging adequacy of translation for specified purpose.

巴兹尔·哈蒂姆和伊恩·梅森认为翻译的过程首先是对源语语篇的理解。其包括：①从语法上分析语篇（语法和词汇）；②能理解专业知识；③能理解意想意义。其次是意义的迁移。其包括：①传递词汇意义；②传递语法意义；③传递修辞意义，包括为潜在的读者提供隐含意义或可推导的意义。最后是对目标语语篇的评价。要从可读性、遵循目标语通用的话语规则、判断为达到具体目的的翻译充分性这三个方面来对目标语进行评价。

英国翻译理论家纽马克（Peter Newmark）在《翻译教程》（*A Textbook of Translation*）中认为翻译过程包括四个层次，即"文本层次""所指层次""衔接层次"和"自然层次"，最后还有一个校对的步骤。他对翻译过程的这四个层次是这样描述的：我对翻译过程的描述是可操作的。首先要选择一种方法。其次，我们在翻译时，或多或少会有意识地进行四个层次的翻译：(1) SL 文本层面，即语言层面，我们从那里开始，并不断地（但不是连续地）回到那里；(2) 指称层面，即对象和事件的层面，无论是真实的还是想象的，我们必须逐步将其形象化和建立起来，这是理解过程的重要组成部分，然后是复制过程；(3) 衔接层面，它更具有普遍性和语法性，它追踪思维的脉络；情感语气（积极或消极）和 SL 文本的各种预设……(4) 在某种情况下，作者或说话者所适合的共同语言的自然程度……最后是修改程序，可以根据情况集中进行，也可以错开进行。

根据纽马克的观点，"文本层次"指的是对原文字面意义的理解。原文是任何翻译活动的起点，也是终点。任何翻译都不能离开原文，译者必须对原文负责，要准确把握好原文的意思。

"所指层次"指译者对原文所指意义的把握。原文中晦涩、隐含的弦外之音，需要译者透过文字的迷雾看清楚真实的内涵。

"衔接层次"是指语篇中句子的衔接。语言的衔接方式反映本族语说者独特的思维方式，译者要充分考虑源语与目的语之间的语篇差异，译文要通畅，要将句子与句子之间很好地衔接起来，使之形成一个连贯的整体。

"自然层次"是指译文要用适当的语言再现作者和说话者所在的具体环境，也就是说，译文必须自然流畅，符合译入语的习惯。翻译时过度拘泥于原文，不敢越"雷池"半步，译文就会不自然、不流畅。

纽马克还强调了翻译过程中校改的作用，他认为："复习也是一种你需要掌握的技巧。我建议你把翻译时间的 50%~70% 用于修改，这取决于文本的难度。如果你有时间，一天后再读一遍。在品味方面不断"改进"是很难抗拒的，只要你确保每一个修改的细节都不会损害句子或文本的吸引力就行。如果合适的话，最后的测试应该是自然度：大声朗读译文。"从这段文字我们可看出校改在翻译中的重要性。

我国也有很多学者对翻译过程进行了研究与探索，如张培基在《英汉翻译教程》中把翻译过程概括成三个阶段：理解、表达和校核。思果在《翻译研究》中谈到翻译过程时说："理想的译法是这样的：先把原文看懂，照原文译出来，看看念不念得下去，试删掉几个不一定用得着的字，看看是否有损文义和文气。如果有损，再补回来。试把不可少的字加进去，看看是否超出原文的范围。增减以后和原文再校对一次。原文的意思要消化，译文的文字要推敲。"他还告诫译者："先看全句全文，没有看完一句不要动手译；没有看完整段不要动手译；没有看完全文不要动手译。译文所用的许多字、句法都和全文、整段、整句有关，而且一句意思要到看完全句才能明了。长句尤其有这种情形。"

综上所述，翻译过程主要包括理解、表达和审校三个阶段。理解与表达是翻译过程中两个至关重要的因素。正确理解原文是基础，是表达的前提条件，而充分的表达则是正确理解的"归宿"。但有时理解正确并不一定会表达好，因为在翻译实践中经常会出现"只能意会不能言传"的情况。在翻译中表达的内容要充分、恰当、自如，就要求译者不仅对原文的内容有透彻的理解，而且要有很好的外语和母语驾驭能力。最后是审校、润色加工，使译文更加完美。

第一节　理解阶段

正确而透彻地理解原文，是译文恰当而充分地表达原文的先决条件。没有理解，翻译就无从说起，就是"瞎译""乱译"。理解阶段包括：（1）根据上下文理解词汇含义；（2）理解句法结构；（3）理解逻辑关系；（4）理解原文所涉及的背景知识或典故。

一、理解词汇含义

著名的英国语言学家约翰·鲁珀特·弗斯（J.R.Firth）曾说："Each word,

when used in a new context, is a new word."这句话的意思是说，同一个词在不同的语言环境中有不同的意义。一词多义（polysemy）的现象在英语中比比皆是，而且有些词在句中的意思是该词的引申意义，而不是字面意义。因此，在翻译的过程中除了注意词的一般意义之外，还要注意词在具体语言环境中的意义，一定要根据上下文准确理解英语词汇的含义。正如纽马克所说："我们在翻译时尤其要注意一些常见的词句，因为这些地方往往是翻译时最容易出错的地方。"

例1：In the last months he had been able to spot the permanent residents every time. That unmistakable shuffling shoulders-bent walk, mostly old men but some younger ones, too, in the dull dusk-maroon bath robes, sides flapping loosely, like the drooped wings of dying birds.

原译：在最后几个月，他已认识医院所有的医生。那种显得无懈可击、弓着肩、曳步走路的神态，大多数是老医生。但也有年轻些的，穿着暗淡深栗色的外套，长襟飞将起来，活像个晃悠着翅膀、快要死亡的鸟。

分析：原译有三处对词义的理解错误：（1）"residents"误译成"医生"。"residents"一词，词典上虽然有"住院医生"的意思，但根据该句上下文，这里指"住院病人"，而不是指"住院医生"。（2）把"unmistakable"误译为"显得无懈可击"，以致和后面的词无法搭配。（3）把"sides flapping loosely"错误地理解为"长襟飞将起来"。"飞将起来"一语给人以飘然潇洒的感觉，与原文所表达的"无精打采"的情景不合。

改译：最后几个月，他每次都能把那些长期住院的病人辨认出来。根据是那种不会看错的弓着肩走路的姿态。其中大多数是老年人，也有年轻些的，都千篇一律地穿着深栗色的病号衣服，长襟松垮垮地在两边扑打着，活像奄奄一息的小鸟两只下垂的翅膀。

例2：In his classic novel *The Pioneers*, James Feminore Cooper has his hero, a land developer, take his cousin on a tour of the city he is building.

原译：詹姆斯·费尼莫尔·库柏在他的古典小说《先锋》中，一位建筑工的英雄式人物，带着他的表姐到他正在建设的城市里游览参观。

分析："hero"是多义词，有"英雄"的意思，还有"男主人公"的意思。原译错误地选择了熟悉的词义"英雄"，而不是根据上下文正确地选择"男主人公"这个词义。原译还对句子结构的理解有误，"a land developer"是"hero"的同位语，但原译却错误地把它理解为"Cooper"的同位语。

改译：詹姆斯·费尼莫尔·库柏在其经典小说《拓荒者》中，记述了主人公——一位土地开发商——带着表妹游览一座他将要建造的城市的情景。

例3：Were it left to me to decide whether we should have a government without newspapers or newspapers without a government, I should not hesitate a moment to prefer the latter.(Thomas Jefferson)

分析：在翻译此句时，如果不假思索地把"newspapers"直接译成"报纸"，该译文会使读者感到纳闷：为什么政府和报纸对立起来了呢？实际上文中"newspapers"的意义不是指字面上"报纸"的意思，而是指其引申的意义，指的是"自由"和"统治"的人权问题。因此，翻译时不能只停留在词汇的字面意义上僵化、孤立地去理解词义，在此处应理解并突出"newspapers"的引申意义。

译文：如果让我决定我们是要一个没有言论自由的政府，还是要一个只有自由而无政府的国家，我会毫不犹豫地选择后者。

例4：There is a definite link between smoking and heart disease and cancer. But this doesn't make you too uncomfortable because you are in good company.

原译：抽烟和心脏病及肺癌的确有关系。但这并不能使人们感到太大的不舒服，因为你在一个好公司。

分析："company"做可数名词是"公司"的意思，而用做不可数名词则是"伙伴、伴侣"等意思。句中的"good company"中没有任何冠词，是不可数名词，应译作"和你一样抽烟的人很多"。如果不假思索地把后半句译成"因为你在一

· 61 ·

个好公司",和前半句就风马牛不相及了。

改译:抽烟和心脏病及肺癌的确有关系。但这并不能使人们感到太大的不舒服,因为和你一样抽烟的人很多。

例5:I hate to see a story about a bank swindler who has jiggered the books to his own advantage, because I trust banks.

分析:根据上下文,原句中的"story"不能译为"故事",而应理解为"报道、新闻或新闻报道";"books"不能译为"书本",而应理解为"账目"。

译文:因为我信任银行,所以我讨厌看到银行诈骗犯窜改账目、损人利己的报道。

二、理解句法结构

由于英语属于印欧语系,汉语属于汉藏语系,再加上英汉两民族在思维模式上的不同,英汉句子结构有很大的差异。在很多情况下,英汉语在表达同一意思时会采用不同的句法结构,而且英语中还有许多特有的句型和表达形式。因此,译者在翻译时对于句法结构的分析和理解是非常重要的。

例1:The greatness of a people is no more determined by their number than the greatness of a man is determined by his height.

译文:一个民族的伟大并不取决于其人口的多寡,正如一个人的伟大并不取决于他的身高一样。

分析:要准确翻译这个句子,就要正确理解"no more...than..."这个结构的意思。"no more...than..."在表示两者比较时,其含义是"not any more than",对双方都加以否定,通常译为:"同……一样不""既不……也不"。注意不要将"no more...than..."与"not more...than"句型混淆。"not more...than"的意思是"not so...as",它强调前者在程度上不如后者,没有对两者都加以否定的意思。如"He is not more fond of playing chess than you are."其意思是:"他不比你更喜欢下棋。"

（两者都喜欢下棋，意思肯定。）

例2：Language can create its own loveliness, of course, but it cannot deliver to us the radiance we apprehend in the world, any more than a photograph can capture the stunning swiftness of a hawk or the withering power of a supernova.

分析：句中的"any more than"与前面出现的"cannot"连用，表示否定意义"不能……也不能……"。相当于例1所讲的"no more...than..."结构，意为"语言不能……就像照片不能……一样"。

译文：语言固然能创造自身之美，却无法言传人们在世间感悟的那番美的意境，这恰如照片不能捕捉飞鹰掠天的惊人速度与超新星爆耀的慑人威力一样。

例3：There was no living in the island.

原译：那岛上无生物。

分析：英语中句型"there is no...+动名词"的意思是"We cannot+动词原形"，或"It is impossible to do"。

改译：那岛不能居住。

例4：She moves a hand back and forth on a slat of the seat she is seating on, her fingers caressing the smooth timber, the texture different where the paint has worn a way.

分析：首先要理解句子的结构脉络。原文是一个较长的复合句，全句由一个主句（主句带一个定语从句）和两个独立结构组成。主句传递主要信息；第一个独立结构与主句意义上有隶属关系，表伴随动作；第二个独立结构还带一个状语从句，并且在形式上与第一个独立结构并列，但意义上隶属于第一个独立结构，说明第一个独立结构中"timber"的状态。

译文：她用手在座椅的一条横木上来回摩挲着，手指爱抚地摸着光滑的木头，油漆磨掉的地方木料的质感不同。

例5：Whether he be a great scientist, proving by his discovery of a sweeping physical law that he has some such constructive sense as that which guides the universe, or whether he be a poet beholding trees as "imperfect men", who "seem to bemoan their imprisonment, rooted in the ground", he is being brought into his own by perceiving "the virtue and pungency of the influence on the mind of material objects, whether inorganized or organized".

分析：翻译该句的关键在于对句子结构的正确理解。整个句子的框架是"Whether he be a great scientist...or whether he be a poet...he is being brought into his own by perceiving"。这个句子的核心是"he is being brought into his own"，这里的"he"是句子的主语。"whether...or..."是主语"he"的同位语，后面的"by"引导方式状语，方式状语里又包括一些定语从句。

译文：无论是通过发现普遍自然规律来证明其拥有可驾驭宇宙之创造意识的科学家，还是将树木视为"尚未完善之人"并认为它们"似乎在哀叹其被囚禁于土地的命运"的诗人，都会因为感知到"有机或无机的世间万物对心灵之巨大而深刻的影响"而回归自我。

三、理解逻辑关系

翻译是一种逻辑思维活动，翻译的全过程时刻都离不开逻辑。语法分析可以帮助我们解决很多对原文的语言结构理解的问题，但有些问题仅靠语法分析是不行的，还必须借助逻辑分析。逻辑分析能够帮助我们理解很多语法分析不能解决的问题。因此，不仅在理解原文的过程中需要运用逻辑分析这一重要手段，而且语言的表达也要符合逻辑。如果一种表达仅仅是语法形式上的正确，但不符合逻辑，这样的表达就是错误的，不能让人接受。

例1：The engine didn't stop because the fuel was finished.

原译：因为燃料用完了，引擎没有停止下来。

分析：很明显，原译是不符合逻辑的。按常理，燃料用完了，引擎就应停止运转。"not...because..."是一个有歧义的结构，究竟"not"该用来否定谓语动词，还是否定"because"引导的从句，这就要看翻译的句子是否符合常理和逻辑了。不符合逻辑的译文肯定是理解错误的译文。这里，句中的"not"直接否定的是"because"而不是谓语动词"stop"。

改译：引擎并不是因为燃料耗尽而停止运转的。

例2：A beautiful form is better than a beautiful face; a beautiful behavior than a beautiful form.

原译：美丽的外形胜过美丽的脸蛋，美丽的行为胜过美丽的外形。

分析：众所周知，脸蛋美是人外表美一个不可或缺的部分，但原译把脸蛋看成是人的外形以外的部分，令人不解，原译文逻辑上不通。此句中的"form"应指"body"，即形体。

改译：形体美胜于容貌美，行为美胜于形体美。

例3：Bruce engaged low gear and drove at a terrifying speed.

原译：布鲁斯接通了低速挡，开车速度令人吃惊。

分析：原译中的"低速挡"和"开车速度令人吃惊"是相互矛盾、不合逻辑的。"low gear"在 Longman Dictionary 中是这样解释的："low gear in a car is used for starting."（汽车里的低速挡是用来发动的）

改译：布鲁斯将汽车发动起来，开车速度令人吃惊。

例4：We realized that they must have become unduly frightened by the rising flood, for their house, which had sound foundations, would have stood stoutly even if it had been almost submerged.

原译：我们想他们一定被上涨的洪水吓坏了，因为他们的房子基础坚实，即使快遭水淹没了，也会屹立不倒的。

分析：原译中的因果关系存在着逻辑上的错误。原译首先说"我们想他们一定被上涨的洪水吓坏了"，但句子后面的部分提出的却是相反的论据：我们认为他没有理由害怕。造成这种逻辑关系错误的原因在于没有准确理解"unduly"（不适当地、过分地）的词义。原文指的是"过分的害怕、不必要的担心"。

改译：我们想他们必定是被这日益上涨的洪水吓坏了，其实他们的房子地基坚固，即使洪水泛滥，也应该不会倒塌的。

例5：After all, all living creatures live by feeding on something else, whether it be plant or animal, dead or alive.

原译：因为，毕竟所有活着的生物，不论是植物还是动物，死的还是活的都靠吃某种别的东西生存。

分析：根据纽马克对翻译过程的分析，翻译的过程涉及对所指层次（referential level）的理解。此句的原译对句中代词"it"的所指理解错了，把"it"视为指代"all living creatures"，结果出现了"死的生物也吃某种别的东西"这样逻辑上行不通、匪夷所思的译文。实际上根据句子结构分析和逻辑推理，代词"it"应指代句中的"something else"，这样译出来的句子逻辑上就顺了。

改译：所有活着的动物毕竟都是靠吃某种东西而生存，而不论这些东西是植物还是动物，是死的还是活的。

四、理解原文所涉及的背景知识或典故

翻译是不同文化的移植，是把一种语言转化为另一种语言的行为，是两种文化的交流。吴宓先生提出了"博雅之士"的培养目标："'博'要求'择定一国之语言文字文学为精深之研究,熟读西方文学之名著''谙悉西方思想之潮流''了解西洋文明之精神'；'博'是经过深入学习、比较研究后达到的文字、文学、文化的会通。'雅'指在'汇通东西、互为传布'的开放环境中创造出一种'雅'的文化和精神。'博'是一种通过学习和研究而达到的知识渊博、学问精深的学术境界，而'雅'则是一种在广博知识基础上达到的志趣高雅与学问创新的思想境界。'博'是教育的外形，是综合素质；'雅'是教育的内质，是创新能力。'博'

与'雅'内外结合，形成了一个完整的教育思想体系。"

王佐良先生认为翻译者必须做一个"真正意义上的文化人"。"文化人"就是要尽可能多地了解源语民族的文化，不仅精通其语言，还要具备相关的政治、经济、历史、地理、文学、宗教、风俗习惯等背景知识以及了解一些词语的典故。因此，译者要充分考虑目的语文化和源语文化对翻译的影响和作用，要准确无误地捕捉到源语中的文化信息，恰当地处理好两种文化的转换，尽量做到"意义等值"，把原文信息准确地传达给译文读者。

例 1：When you are down, you are not necessarily out.

分析：该句从字面上看并不难，但若不了解其文化背景，这句话的含义则不甚明了。这句话原是一句拳击术语。在比赛中，拳击手若被对方击倒，裁判数到 10 还不能起来则判输。但很多情况下不等数到 10，倒地的拳击手就能爬起来再战。因此，翻译时要将该句的寓意译出来。

译文：当你遇到了挫折，并不一定丧失了成功的机会。

例 2：He is always buying you expensive clothes, I'm afraid they are Greek gifts for you.

原译：他总给你买很昂贵的衣服，恐怕它们是给你的希腊礼物。

分析：因为对原句的文化背景及典故不甚了解，原译将"Greek gifts"误译为"希腊礼物"。其实这句话出自希腊神话。相传几千年前，特洛伊王子拐走希腊的斯巴达王的爱妻，于是两国恶战十年，不分胜负。后来希腊人想出"木马计"，木马里藏着希腊的精锐部队，特洛伊国王上当，将木马作为战利品拉入城中。深夜勇士出动，攻克特洛伊城，并夺回了妻子。从此"Greek gift"便成为"阴谋害人的礼物；黄鼠狼拜年，不安好心；图谋害人"之意。

改译：他总给你买很昂贵的衣服，我怀疑他没安好心。

例 3：It's lonely at the top. Just ask IBM. While a crowd of Lilliputian competitors is nibbling away at profits by selling 'clones of' IBM's personal computers, larger rivals are teaming up in an attempt to beat the computer colossus in the profitable software and office network business.

分析：要准确翻译这个句子，就先要理解句中有关文学等方面的背景知识。"Lilliputian"原是英国作家乔纳森·斯威夫特（Jonathan Swift）的名著《格列佛游记》（*Gulliver's Travels*）中的小人国里积极活跃的小人，此处用来指实力微薄但颇有作为的小公司。"colossus"原指古埃及巨大的塑像，此处转译为"大企业"。

译文：高处不胜寒，心中滋味，可以请问国际商业机器公司（IBM）。如今一群小公司销售IBM个人电脑的衍生品，而渐渐蚕食了IBM的利润。与此同时，较大规模的竞争对手也正在联合起来，要在利润丰硕的软件及办公网络等业务上，试图击败这家电脑界的大公司。

例4：Last night, an uninvited guest turned up to make five for bridge. I had the kind of paper book at hand to make being the fifth at bridge a joy.

原译：昨天晚上来了一位未被邀请的客人，凑成五个人玩桥牌。我手头有一种平装书，使牌桌上的第五人很高兴。

分析：要正确翻译该句，译者首先就要了解有关桥牌的文化背景等相关因素。译者必须知道桥牌是由四个人玩的。因此原译"凑成五个人玩桥牌"是大错特错。

改译：昨天晚上来了一位不速之客，桥牌桌上多了一个人。我手头上正好有一本平装书，所以尽管没打成桥牌，却也过得很愉快。

例5：The Big Bull Market had been more than a climax of a business cycle; it had been the climax of a cycle in American mass thinking and mass emotion.

分析：要准确理解原句中的"climax"和"business cycle"，需要掌握有关世界经济发展的背景知识。世界经济发展一般是呈周期性的。当经济发展，股票行情持续看涨，到了某一极点时，就会从已经达到的那个最高点上一跌到底，金融危机便随之而来。因此，在此处"climax"不是"高潮"，而是"顶点"；

"business cycle"不是"商业圈",而是"商业周期"的意思。

译文:行情暴涨的股票市场不仅仅是一个商业周期的顶点,也是美国民众思想情感周期的顶点。

例 6:The elevator boys ooze the spit and polish of West Point cadets and in polite English remind you that you must not smoke inside their lifts.

分析:要译好这句,一定要先了解该句所涉及的背景知识。原句讲的是美国西点军校的学生为了使制服上的铜纽扣和所穿的皮鞋发亮,在涂上擦光油后再吐唾液,这样擦起来更亮一些。所以,这里的"spit and polish"形容开电梯的人非常注意自己的外表和穿着。

译文:开电梯的人像西点军校的学生那样衣着整洁、派头十足,并用彬彬有礼的英语提醒乘客不得在电梯内吸烟。

第二节 表达阶段

表达是翻译中十分重要的一个环节,是理解的升华和体现。表达必须以对原文的正确理解为前提,以对译语的纯熟掌握为条件,以对原作的忠实再现为原则。鲁迅先生曾在《且介亭杂文二集》中写道:"极平常的预想,也往往会给实践打破。我向来总以为翻译比创作容易,因为至少无须构思。但到真的一译,就会遇着难关,譬如一个名词或动词,写不出,创作时可以回避,翻译上却不成,也还得想,一直弄到头昏眼花,好像在脑子里摸一个急于要开箱子的钥匙,却没有。"从鲁迅先生的这一段话中,我们可体会到翻译中的表达不是一件容易的事,非下苦功不可。

因此在表达阶段,译者要了解源语与目的语在表达方式和文化上的差异,使译文既忠实于原作又符合译入语的语法和表达习惯,尽量避免翻译腔的出现。同时,译文还要恰到好处地再现原文的思想内容和文体色彩。要做到这一点,译者就要有扎实的语言基本功，善于运用各种翻译技巧。以下是译者在表达阶段应该注意的五个方面：

一、译文的准确措辞

英语中的一个常用词往往有很多释义，使人眼花缭乱。译者在表达阶段如果对号入座，势必会处处碰壁，因此，翻译中必须充分利用上下文信息，确定英语和汉语的词汇在语义上的对应关系，理解词语的字面意义和内含意义，以此来进行正确的选词用字，来进行准确的措辞。

例 1：The invention of machinery has brought into the world a new era the industrial age. Money had become king.

分析："king"一词的基本词义是"君主""国王"，但在翻译该句时我们不能机械地按照"king"的基本词义去措辞。"king"象征的是"最高权威"，将该词的意义引申译成"主宰一切的权威"是再形象不过了。

译文：机器的发明使世界进入一个新纪元即工业时代，金钱成了主宰一切的权威。

例 2：And no wonder if, as she said, she lived untouched these last twelve years.

分析：根据词典，"untouched"的字面意思为"未触摸过的、处于原始状态的、未受影响的"。但如果按照该词的字面意思去表达，译文就不能把该句的真正含义充分表达出来。"untouched"在这里的意思为"not involved in any relationship with men"。因此，译文"守身如玉"非常具有表达力，而且合乎汉语的措辞习惯。

译文：无怪乎她在这十二年来，如她自己所说的，一直守身如玉呢。（周煦良译）

例 3：By now, Kissinger was becoming a familiar face at the Pierre, even though he was still an unknown quantity to Nixon's aides.

分析：原句中的"quantity"原本是个抽象名词，但在翻译时，应将这个抽象名词转化成具体名词，将"an unknown quantity"译成"难以预测的人"。

译文：这时，基辛格成为皮埃尔饭店的一位常客了，尽管尼克松的助手们对他还莫测高深。

例4：He put forward some new ideas to challenge the interest of all concerned.

原译：他提出许多新见解，挑战了有关人士的兴趣。

分析：要译好一句话，准确的措辞是十分重要的。原句的"challenge"一词的基本含义是"挑战"。但如果望文生义把"challenge the interest"译成"挑战兴趣"，则不符合汉语的搭配习惯。此处应译出其深层含义"引起"。

改译：他提出许多新见解，引起了有关人士的兴趣。

例5：I have come to know the mutability of all human relations and have learned to isolate myself from heat and cold so that the temperature balance is fairly well assured.

译文：我已熟悉一切人际关系的变幻无常，也学会漠视这种世态炎凉，以保证我的心态平衡。

分析：原文中"heat and cold"和"temperature balance"的原意分别为"冷热"和"温度平衡"。但译者根据该句的上下文，将它们译成"世态炎凉"和"心态平衡"，确切地传达了原文的意思。

二、译文的自然流畅

纽马克（2001）在谈到翻译的过程时认为，自然层次（level of naturalness）是翻译过程不可缺少的一个部分。每一种语言在长期的使用过程中都形成了一套约定俗成的为人们共同接受的表达习惯。如果译文不符合汉语的表达习惯，就不会自然流畅，就会生硬、别扭，使人难以接受。

例1：How often do we reflect on the joy of breathing easily, of swallowing

· 71 ·

without effort and discomfort, of walking without pain, of a complete and peaceful night's sleep ?

原译：我们多久会思考轻松地呼吸的乐趣、不费劲地自在吞食的乐趣、没有痛苦地行走的乐趣和一个完整的夜晚安静睡眠的乐趣？

分析：原译十分别扭，读起来使人觉得表达不自然流畅、晦涩难懂，丧失了原文的美感。

改译：平日呼吸轻松，吞食自如，走路毫不费劲，一夜安寝到天明，我们几曾回味过其中的乐趣？

例 2：The study found that non-smoking wives of men who smoke cigarettes face a much greater than normal danger of developing lung cancer. The more cigarettes smoked by the husband, the greater the threat faced by his non-smoking wife.

原译：这项研究表明抽烟男子的不抽烟妻子患肺癌的危险比一般人大得多，丈夫抽烟越多，其不抽烟的妻子面临的威胁越大。

分析：原译过分拘泥于原文形式和句子结构，译文虽然能看得懂，但不自然，不流畅，读起来生硬、别扭。

改译：这项研究表明，妻子不抽烟而丈夫抽烟，妻子得肺癌的危险性比一般人大得多。丈夫抽烟越多，妻子受到的威胁也就越大。

例 3：The idea that the life cut short is unfulfilled is illogical because lives are measured by impressions they leave on the world and by their intensity and virtue.

原译：被削短的生命就是一事无成的观点是不合逻辑的，因为人生的价值是由它们留给世界的印象和它们的强度及美德度量的。

改译："生命短暂即不圆满"，这种观点荒谬无理。生命的价值在其影响、在其勃发、在其立德于世。

分析：原译拘泥于英语结构，译文生硬牵强，不自然地道。改译突出了句子的两层含义，断句合理，句子结构脉络清楚，行文符合汉语表达习惯，译文自然流畅。

例 4：Never did the sun go down with a brighter glory on the quiet corner in Soho, than one memorable evening when Doctor and his daughter sat under the plane-tree together.

原译：这是个可纪念的黄昏。医生和女儿坐在梧桐树下。太阳下山去了，它还从来没有这样灿烂辉煌地照耀过苏合这一幽静的角落。

分析：原文文笔自然流畅，结构紧凑，描绘了一幅静谧的迷人画面。但原译结构较为松散，停顿过多，表达显得不自然流畅。

改译：夕阳西下，绚丽无比的晚霞映照着幽静的苏合街角。在这难忘的黄昏，医生和女儿一起坐在梧桐树下。（马红军译）

三、译文的衔接与连贯

衔接是语篇特征的一个不容忽视的方面。胡壮麟指出："当语篇中一个成分的含义依赖于另一个成分的解释时，便产生衔接关系。"一篇译文行文是否清晰流畅关键在于"衔接"，而"衔接"就是运用适当的语句形式进行"连接"。

虽然英汉两种语言的语篇中都有衔接手段，但由于英汉思维模式存在很大差异，两种语言的语篇衔接方式有着各自的特点。英语是形合语言，强调形连，注重表层语言结构成分的前后照应；而汉语是意合语言，在行文时多以意相连，许多句子没有明确的主语和代词，而是注重句子成分之间的逻辑关系。因此，在翻译的表达阶段，译者应增强衔接意识，整体把握语篇的意义，透彻理解语篇的信息，要对源语的衔接方式进行必要的转换、变通，使之顺应译语的衔接规范，使译文达到语篇上的衔接和连贯。

例 1：His quick expression of disapproval told me he didn't agree with the practical approach. He never did work out the solution.

原译：他脸上迅速出现的不赞成的表情告诉我，他并不同意这种切实可行的做法。他一直没有研究出这个答案。

改译：他马上露出不赞成的表情，我想他并不同意这种切实可行的做法，而后来他也一直没有研究出答案。

分析：这个句子的原译在单个的句子内部不存在翻译问题，但句子间的衔接不自然。译文没有译出这两个句子之间的转折关系，翻译时应考虑整个段落意群的衔接和通顺流畅，而不应把句子割裂开来。

例2：The breeze had risen steadily and was blowing strongly now. It was quiet in the harbor though.（Hemingway：The Old Man and the Sea）

原译：风渐刮渐大，此刻已经相当强劲了。港口静悄悄的。

改译：风势不断地加强，现在已经刮得很厉害。可是港内却很平静。

分析：原文中的连接词"though"不但起着衔接前后句的作用，还表明两句之间的转折关系，表示此时虽然港外是风大浪猛，但港内风平浪静。这一内一外形成了强烈的对比。原译没有将原文前后句之间的转折关系译出，并且将"quiet"译成了"静悄悄"，这样这两句之间就失去了衔接与连贯。改译既译出了"though"的转折关系，又把握住了它的语义提示，将"quiet"译成"平静"，既道出了港内的风平浪静，又点出了老人此刻平静的心境，原著的思想内容得以成功地转译。

例3：Then the fish came alive, with his death in him, and rose high out of the water showing all his great length and width and all his power and beauty.

原译：那鱼忍着死亡的痛苦，做最后一次挣扎。它跃出水面，显示出整个儿的长度和宽度，显示出它的力和美。

改译：于是大鱼垂死奋斗，破水而出，跃入半空，又长，又宽，又雄伟，又美丽。

分析：原句主要通过重复"and"来实现句内衔接。原译没有再现原文的排比结构，所以译文在表现原文的衔接、节奏和气势上都有欠缺。改译充分发挥了汉语四字词语的优势，而且用"又……又……又"的句型使译文达到了衔接的效果。

例 4：Writers cannot bear the fact that poet John Keats died at 26, and only half playfully judge their own lives as failures when they pass that year.

原译：作家们无法忍受这一事实：约翰·济慈 26 岁就死了，于是就几乎半开玩笑地评判他们自己的一生是个失败。这时，他们才刚刚过了这一年。

分析：该译文没有考虑英文形合和汉语意合的语言特征，亦步亦趋地仿照原文翻译，结果原译结构松散、缺乏连贯性，并且原文的意思也没表达清楚。

改译：诗人约翰·济慈仅 26 岁便与世长辞了，作家们对此深感遗憾。他们过了 26 岁之后，便会不无戏谑地叹息自己一生无所作为。

例 5：Some fishing boats were becalmed just in front of US Their shadows slept, or almost slept, upon the water, a gentle quivering alone showing that it was not complete sleep, or if sleep, that it was sleep with dreams.

译文：眼前不远，渔舟三五，停滞不前，樯影斜映水上，仿佛睡去。偶尔微微颤动，似又未曾熟睡，恍若惊梦。

分析：原句中用了连接词"or"和"if"来实现衔接。在翻译时，译文虽省略了这些连接词，但根据汉语意合的特点，仍然达到了衔接的效果。而且原句中的"sleep(slept)"一词重复了五次，如果将它们逐个译成"睡"，不仅起不到衔接或强调的作用，反而令人觉得啰唆，所以译文根据原文的意蕴，只译出了其中起主要作用的三个，另外两个则予以隐去，译文显得更加简洁、明快。

例 6：The wisdom that happiness makes possible lies in clear perception, not fogged by anxiety nor dimmed by despair and boredom, and without the blind spots caused by fear.

译文：快乐带来的睿智存在于敏锐的洞察力之间，不会因忧虑而含混迷惑，也不会因绝望而黯淡模糊，更不会因恐惧而造成盲点。

分析：译文通过使用"不会……也不会……更不会"使句子之间衔接得非常好。

四、译文与原文文体风格的对等

美国翻译理论家奈达认为，翻译就是要在目的语（TL）中重构源语（SL）语言信息的自然对等，这种自然对等首先是在意义方面，其次是在风格方面。在谈到翻译标准时，从泰特勒的翻译三原则、严复的"信、达、雅"、鲁迅的"保存着原作的风姿"，到傅雷的"神似"和钱钟书的"化境"等，这些标准都强调了传达原作风格的重要性。因此，在翻译的表达过程中，译者应努力再现或表现源语文本的风格。

例1：The sun is warm now, the water of the river undisturbed.

原译：暖洋洋的阳光下，河中的水静静地流淌着。

改译：阳光正暖，江面水波不兴。

分析：原句加在一起只有11个词，体现了作者简约的语言风格。原译虽然表达了原句的意思，但从简洁程度看，对原文的语言风格忠实不够，用词较多。改译后的译文用词朴实，字数、结构与原文基本吻合，与原文的风格对等。

例2：We do what we say we'll do；we show up when we say we'll show up；we deliver when we say we'll deliver；and we pay when we say we'll pay.

原译：言必信，行必果。

分析：原文重复了很多次"we"，表达的风格不是那种精练典雅的。但原译过于精练简洁，与原文的语义风格迥异，而且译文的内容也不太忠实于原文。

改译：我们说了做的事一定会做；我们说来就一定会来；我们说送货就一定会送货；我们说付款就一定会付款。

例3：Studies serve for delight, for ornament, and for ability.Their chief use for delight, is in privateness and retiring；for ornament, is in discourse；and for ability, is in the judgment and disposition of business.(Francis Bacon：Of Study)

分析：原文的作者培根是文艺复兴时期的作家，其作品颇有古雅之风。原作的风格通过整齐修整的句式、典雅的语汇表现出来。翻译时如能再现原作的语汇、句式特点，也就再现了原作的风格。

译文：读书足以怡情，足以博采，足以长才。其怡情也，最见于独处幽居之时；其博采也，最见于高谈阔论之中；其长才也，最见于处世判断之际。（王佐良译）

五、翻译腔的避免

所谓翻译腔（translationese），也称翻译症、翻译体，其主要特征为文笔拙劣，即译出来的东西不自然、不流畅、生硬、晦涩、难懂、费解，甚至不知所云。出现这种症状的原因并不是因为译者的文化水平低或写作能力差，而是译者在翻译过程中受到源语表达方式的影响和束缚，使译文不符合译语的表达习惯。美国翻译理论家奈达称翻译腔是一种形式上的忠实，而结果却是不忠实于原文信息的内容和效果。翻译腔的显著特征是不顾双语的差异，将翻译看作语言表层的机械对应式转换。其主要表现形式及原因体现在如下几个方面：

（一）生搬硬套词典释义

例1：Her manners were pronounced to be very bad indeed, a mixture of pride and impertinence; she had no conversation, no style, no taste, no beauty.

原译：她的举止被人在背后议论得很糟：她是既傲慢又不懂事的混合物，不会说话，没有风度，令人乏味，一点美感也没有。

分析：原译过分强调词典的释义，将"a mixture of pride and impertinence"机械地译为"傲慢又不懂事的混合物"，从而造成翻译腔。

改译：人们议论说，她那样真是糟糕透了，既傲慢，又不懂事，连句话也说不好，没有风度，毫无风趣，人又长得难看。

例2：As we drop our young beachcombers off at school, the moment contains complex overlappings of what they were, are, and will be.

原译：我们把年少的"海滨寻宝者"送回学校的那一刻，他们的过去、现在和未来的样子复杂地重叠在一起。

分析：原译拘泥于原文，将"complex"一词对等地翻译为"复杂的"，因而显得很别扭。这也是一种翻译腔。《牛津词典》给"complex"的解释是："made up of closely connected parts; difficult to understand or explain"。在这里，要灵活运用字典所给的词的解释，不能生搬硬套。

改译：我们把年少的"海滨寻宝者"送回学校，那一刻即交织重叠着他们的过去、现在和未来。

例3：Perhaps the quickest way to understand the elements of what a novelist is doing is not to read, but to write; to make your own experiment with the dangers and difficulties of words.

原译：了解作家创作的个中滋味，最有效的途径恐怕不是读而是写；通过写亲自体验一下文字的危险和困难。

分析：原译中的"文字的危险和困难"属于硬生生地照字面搬过来的翻译腔现象。译者要跳出逐字对应的框框，透彻领会原文的精神。

改译：了解作家创作的个中滋味，最有效的途径恐怕不是读而是写；通过写亲自体验遣词造句的艰难。

例4：To appease their thirst its readers drank deeper than before, until they were seized with a kind of delirium.

原译：为了解渴，读者比以前越饮越深，直到陷入了昏迷状态。

分析：原译没有理解原文真正要表达的内容，死抠原文形式及字典释义，翻译腔严重，让人难以明白其意思。

改译：读者为了满足自己的渴望，越读越想读，直到进入了如痴如醉的状态。

（二）生搬硬套原文的句法结构和搭配

如前所述，英语属于形合语言（hypotaxis），汉语属于意合语言（parataxis），两种语言在句法、搭配方面有着各自的特点，源语中的搭配与目的语的搭配习惯是不完全对应的。在翻译中，如果机械照搬英语的搭配，或把英语的句法强塞入汉语，就会产生与汉语习惯格格不入的带有"翻译腔"的译文。

例1：He spoke so well that everybody was convinced of his innocence.

原译：他说得那么好听，以至于每一个人都相信他是无辜的。

分析："so...that"是英语的一个引导结果状语的句型，表示"如此……以至于"的意思。在翻译时如果照搬这个句型，就不符合汉语的行文习惯，有画蛇添足之感。因此，这里要把英语的形合语言转变成汉语的意合语言。

改译：他说得那样好听，谁都相信他是无辜的。

例2：Life ebbs and flows with the rhythm of tides and daylight, versus the clock or jobs that govern the rest of the year.

原译：生活随着潮涨潮落、昼夜更替的节奏而流逝，不似一年中其余的日子要受时钟或工作的摆布。

分析：原译中"生活"与"流逝"搭配不当，习惯上以"日子"或"时光"与之搭配更为自然。

改译：时光随着潮涨潮落、昼夜更替的节奏而流逝，不似一年中其余的日子要受时钟或工作的摆布。

例3：By instilling hope in a patient, we can help develop a positive, combative attitude to his disease.

原译：把希望灌输到病人心里，我们就可以帮助他发展起一种积极与疾病做斗争的态度。

分析：原译基本按原文中的搭配将"develop...attitude"翻译成"发展……态度"，但汉语没有这种说法，这样的搭配不符合汉语的表达规范。

改译：把希望灌输到病人心里，我们就可以帮助他树立起积极与疾病做斗争的观念。

例 4：Beset by the rise of television and postal rates, the magazine was folded by Time Inc. in 1972, 36 years after its founding.

原译：时代公司在电视和邮资上涨的夹攻之下，于1972年，即杂志创刊的36年后，决定停刊。

分析：原文中的"rise"可与"television"和"postal rates"同时搭配，但汉语不行。原译中的"电视上涨"为搭配不当的翻译腔。

改译：时代公司在电视崛起和邮资上涨的夹攻之下，于1972年，即杂志创刊的36年后，决定停刊。

（三）生搬硬套原文的表达方式

英语中的一些表达方式，如特有的措辞、特有的比喻等，在翻译时为了更好地传达原作的异国情调，有时可用直译或异化的方法，只要表达出来的译文自然、地道，而且通顺易懂即可。但是，英语中有些表达方式不能生搬硬套，否则就会产生翻译腔。

例 1：I experienced a somber sense of defeat.

原译：我经历了一种悒郁的挫折感。

分析：原译字对字地将"a somber sense of defeat"译了出来，没有理解"a somber sense"和"defeat"之间深层隐含的因果逻辑关系，"悒郁的挫折感"令人感到既拗口又费解。

改译：我因受挫折而郁郁寡欢。

例 2：Marriage is the classic betrayal.

原译：婚姻真是一种古典的背叛。

分析：原文用"classic"修饰"betrayal"，这是一种特有的表达。原译用直译法译出，但表达的意思不清楚，译文令人费解。

改译：婚姻，从古到今，都意味着背叛。

例3：Some people say fear and caution are now a part of their daily routine.

原译：有人说害怕和小心已经成了他们日常生活的一部分。

分析：原译亦步亦趋地模仿原文的行文结构和表达方式，欧式中文的味道太浓，不符合汉语的表达方式。

改译：有人说他们现在总是提心吊胆地过日子。

例4：She is likely to find herself in an unenviable position.

原译：她很可能发现自己处在一个不令人羡慕的地位。

分析："不令人羡慕的地位"虽有洋味，但不符合汉语的表达习惯。

改译：她很容易觉察到自己被人另眼相看。

综上所述，"翻译腔"主要是由理解不到位和表达不当所致。那么，在英汉翻译中如何克服"翻译腔"呢？首先，译者要努力钻研原作，一定要读懂原文之后再着手翻译，要充分理解原文的深层含义，摆脱其表达形式的束缚；其次，译者要努力提高英语水平和汉语母语的表达能力，要增强逻辑思维能力，扩展知识面。除此之外，译者还要掌握英、汉两种语言在词汇、语法、句子结构及思维方式等方面的差异，在翻译时灵活运用翻译技巧，把英语原文意思用符合汉语习惯的方式流畅自如地表达出来。

第三节　审校阶段

"天下绝不存在完美无缺的译作，即使再好的译文也难免会有这样那样的缺陷。"因此审校是翻译过程中不可或缺的一部分，也是避免翻译腔的一个很好的方法。奈达认为审校或验证可采取书面完形填空、口头完形填空、读者高声朗读、读者默读后讲解所读内容等方法，看译文是否做到了动态对等（dynamic equivalence）或功能对等（functional equivalence）。奈达的这种检验方法也为我

们的审校工作提供了一种有效的、可操作的途径。一般来讲,审校时应注意以下几个方面:

一、人名、地名、时间、方位、数字或倍数等是否有错译或漏译,同时还要审校原文的大小写、单复数是否译错

例如:Georgia 既可指美国的"佐治亚州",又是"格鲁吉亚"的国家名,翻译时应视上下文而定。

South Africa(南非)/south Africa(非洲南部);

securities(证券,股票)/security(安全);

damage(损害,损坏)/damages(损害赔偿金,损害赔偿额)。

例 1:The beauty of our country(Britain)or at least all of it south of the Highlands is as hard to define as it is easy to enjoy.

原译:我们国家的美丽(至少是高原以南的地带),有目共赏而难以描绘。

原文中"Highlands"的第一个字母为大写,指的是"the Highlands of Scotland",它与作为普通名词小写的"highland"意思不同。因此,审校时也要注意单词的大小写是否有不同的意思。

审校后的译文:我们国家的美丽(至少是苏格兰高地以南的地带),有目共赏而难以描绘。

例 2:The import of oil into that country has more than quadrupled during the past ten years.

分析:在科技英语和经贸英语中,数字或倍数出现频繁,审校时应特别留心。该句中的"quadruple"是"(使)成四倍"的意思,但如果译成"在过去的十年里,那个国家进口石油增加了四倍",倍数就弄错了。

审校后的译文:"在过去的十年里,那个国家进口石油增加了三倍。"或者是:"在过去的十年里,那个国家进口的石油是原来的四倍。"

二、译文的段落、句子、词、惯用法或词组是否错译或漏译，是否将原文中容易混淆的单词看错

例如：out of question（毫无问题）/out of the question（绝不可能）

25% of invoice value（发票金额的25%）/25% off invoice value（发票金额减去25%）

uniformed（统一的，一致的）/uninformed（未被通知的）

restroom 洗手间（不是"休息室"）

pull one's leg 开某人的玩笑（不是"拉后腿"）

a wet blanket 令人扫兴（不是"一条湿毛毯"）

English disease 软骨病（不是"英国病"）

French chalk 滑石粉（不是"法国粉笔"）

American beauty 红蔷薇（不是"美国美女"）

morning glory 牵牛花（不是"晨光"）

dog ear 书的卷角（不是"狗耳朵"）

例3：If the skin has become thoroughly wet or one has perspired a great deal, sunscreens should be applied as often as every 30 to 60 minutes to maintain a reasonably high degree of effectiveness.

原译：如皮肤已完全潮湿，或大量排汗，则应每隔30分钟或60分钟使用遮阳屏幕，以保证适当的高效。

分析：这里译者望文生义，不查字典就将"sunscreen"译成"遮阳屏幕"，使得译文不合逻辑，令人难以理解。经查字典审校就可得知"sunscreen"是"防晒油"一类的护肤品。

审校后的译文：如果浑身湿透，或者大量排汗，应每隔30~60分钟涂用一次防晒油，以保持理性的防晒效果。（马红军译）

例4：He likes to pay attentions to a lady.

原译：他喜欢注意女士。

分析：原译误将词组"pay(one's)attentions to"（向……献殷勤）看成了"pay attention to"（注意），这也是粗心的结果。

审校后的译文：他喜欢向女士献殷勤。

三、译文是否符合目的语的表达习惯，有没有晦涩生硬、翻译腔严重的句子

例 5：A luxuriant tan speaks health and glamour.

原译：丰润的棕色诉说着健康和魅力。

分析：原译的表达不通顺，也不符合汉语的表达习惯，这种译文在审校时肯定是要大改的。

审校后的译文：丰润的棕色皮肤是健康和魅力的标志。

四、译文的逻辑关系是否清晰，是否处理好了忠实与通顺的关系，译文的风格是否与原文的风格一致

例 6：Anyone with eyes can take delight in a face or a flower.

原译：人只要有眼睛就会从脸蛋和鲜花中得到愉悦。

分析：原译似乎在理解原文和表达上没什么问题，但这个句子来自当代美国作家司各特·罗素·桑德斯（Scott Russell Sanders）的散文"*Beamy*"。这是一篇充满抒情和文采的散文，原译把一篇优美的散文译得毫无文采可言。所以，译者在审校时要仔细推敲，对译文进行润色，使译文的风格与原文保持一致。

审校后的译文：凡眼见于俏脸、鲜花，无人不觉赏心悦目。

译者在翻译完之后，不要急着交稿，至少要校对两遍。第一遍注重内容的审校，第二遍注重文字的修饰润色，使译文的表达更加流畅、自如、地道，具有文采。在审校的过程中还要注意不要将原文容易混淆的单词看错了，否则你译得再好也是徒劳。

曾经就有一翻译名家在翻译一部小说时将句中出现的"cows"一词误看成

了"crows",译成了"乌鸦",以至于造成了以讹传讹的影响。如果两遍审校完后还有时间,可按照奈达提供的检验模式再检查一遍,这样可能会发现一些新的问题。总之,审校阶段做得越仔细、越认真,译文中出现的错误就越少,就越能译出上乘佳作。

第五章 英语翻译常用方法和技巧

第一节 英语翻译常用方法

一、直译与意译

直译与意译是古今中外翻译界长期争论而至今未能解决的一个问题。各个时期，各个翻译家都根据自己的体会对直译与意译提出不同的看法。

晋代道安、隋代彦琮主张直译，鸠摩罗什主张意译。梁启超在《翻译文学与佛典》一文中指出："翻译文体之问题，则直译意译之得失，实为焦点……新本日出，玉石混淆。于是求真之念骤炽，而尊尚直译之论起。"

20世纪四五十年代，译界的一些主要人士朱光潜、林汉达、周建人对直译与意译进行了研究，他们认为直译也就是意译，二者是一回事，是无法区别的。林汉达在《翻译的原则》一文中对这一争论（到1941年为止）做了这样一个小结："真正主张直译的人所反对的，其实并不是意译，而是胡译或曲译。同样，真正主张意译的人所反对的也不是直译，而是呆译或死译。我们认为正确的翻译就是直译，也就是意译；而胡译、曲译、呆译、死译都是错误的翻译。"

20世纪七八十年代的译者周煦良、许渊冲、王佐良认为直译与意译是不同的，要根据原作语言的不同情况，来决定其该直译还是意译。王佐良教授是主张直译与意译完美结合的，他于1979年在《词义·文体·翻译》一文中写道：

"要根据原作语言的不同情况来决定其中该直译的就直译,该意译的就意译。一个出色的译者总是能全局在胸而又紧扣局部,既忠实于原作的灵魂,又便于读者的理解与接受。一部好的译作总是既有直译又有意译的:凡能直译处坚持直译,必须意译处则放手意译。"

直译和意译的孰是孰非问题不仅存在于中国翻译界,同样长期存在于西方翻译界。英国剑桥大学斯坦纳教授和德莱顿教授主张意译,他们认为翻译的正确道路,既不是直译,也不是模仿,而是意译。翻译的实质是用一种语言重新表达另一种语言所要表达的内容。更具体地说,翻译就是用译文的语言形式重新表达原文的内容。然而,由于文化、社会、历史、地理等方面的差异,两种不同的语言在表达方式上或多或少会有出入,各有其特色。翻译如果既传达原文意义又照顾形式那就是直译,传达意义但不拘原作形式的翻译即为意译。

实际上,直译与意译是译事中基本手段的两个方面,我们认为,在翻译中既有直译存在的可能性,也有意译存在的必要性。使用直译还是意译,取决于英语和汉语两种语言的规则。该直译的要直译,这样才能忠实传达源语的思想,反映源语的表达方式甚至作品的风格,做到形神兼备,否则译品就会失去原作的精髓;相反,如果该使用意译而采用直译的话,这就是所谓的"硬译"或"死译",译文必定会佶屈聱牙,文理不通,读者不知所云。事实上,在翻译过程中,我们必须根据实际情况来运用直译或意译。

(一)直译(literal translation)

著名学者刘重德教授在他的专著《文学翻译十讲》中曾提到茅盾对直译的定义:

字面翻译从表面上看,就是"不改变原文的字句";从严格意义上讲,就是力求"保持原文的情调和风格"。(刘重德,1991:49)

刘重德(1991:52)教授认为直译有如下特点:

(1)直译在翻译过程中以句子为基本单位,同时考虑到整个文本。

（2）直译力求再现整个文学作品的思想内容和风格，尽可能保留修辞手法和主要句式。

金隄和奈达在合著的《论翻译》（On Translation）（1984：80）一书中，列举了人们对"直译"的几种看法或理解：

（1）按照原文的词序。

（2）试图复制源语言的句法从句。用名词翻译名词，用动词翻译动词。

（3）尽量匹配所有的句法结构，主动、被动、关系从句、与事实相反的条件等。

（4）严格遵循词汇条目的一致性，即在译入语中始终用一个对应的词来翻译源语中的一个词。

（5）修辞特征的匹配（如平行、夸张、轻描淡写等）

纽马克认为"在保证翻译效果的前提下，字对字的直译不仅是最好的，而且是唯一有效的翻译方法。在这种情况下，无论何种类型的翻译，都没有理由采用不必要的近义词，更无须用意思翻译的方法。"

从以上论述可以看出，直译就是在不违背译文语言规范及不引起错误联想的前提下，在译文中既保留原文内容又保留原文形式，特别指保持原文的比喻、形象和民族地方色彩等。但直译不是死译或硬译，而是在译文语言条件许可时，在翻译中既保持原文的内容，又保持原作的风姿。因此，直译法的正确采用不仅能保持原文的形式，更能保持其内容和意义。在某种程度上，直译不仅能保持原作的特点，而且还可使读者逐步接受原作的文学风格。

直译法极大地丰富和拓展了汉语的词汇及表达方式和范围。英语中有很多成语和词组在结构和表达上与汉语一致，因此可采用直译法来翻译。例如："Pour oil on fire（火上加油）""Have something at one's finger-ends（了如指掌）""Better is a neighbor that is near than a brother far off（远亲不如近邻）""You can't clap hands with one palm（孤掌难鸣）""Walls have ears（隔墙有耳）""an eye for an eye, a tooth for a tooth（以眼还眼，以牙还牙）""hot line（热线）""chain stores

（连锁商店）""round-table conference（圆桌会议）""baptism of war（战争洗礼）""to show one's cards（摊牌）""to be armed to the teeth（武装到牙齿）""to shed crocodile tears（掉鳄鱼眼泪）""gentlemen's agreement（君子协定）""cold war（冷战）""hot dog（热狗）""bird flu（禽流感）""gene therapy（基因疗法）""dark horse（黑马）"等。

下面请再看一些用直译法翻译的例句分析。

例1：The winter morning was clear as crystal. The sunrise burned red in a pure sky, the shadow on the rim of the wood-lot were darkly blue, and beyond the white and scintillating fields patches of far-off forest hung like smoke.

译文：冬天的早晨水晶般明澈。纯净的东边天上朝日烧得通红，林子边上的影子是暗蓝色，隔着那耀眼的白茫茫的田野，远处的森林像挂在半空中的烟云。

分析：这段译文虽然用的是直译，但没有因为英汉习惯的差异而露出生硬牵强的痕迹，译文再现了原文的风格，完全保留了原作的丰姿，传形传神。

例2：Numerous states, in fact, have enacted laws allowing damages for "alienation of affections".

译文：实际上，许多州都颁布法令，允许索取"情感转让"赔偿金。

分析：此处用直译的方法将"alienation of affections"译为"情感转让"，可以简单明了地传达原文所要表达的含义，即批评有人拿感情当商品一样对待，随便转让、出卖，隐含一种诙谐、冷幽默的语气。

例3：He walked at the head of the funeral procession, and every now and then wiped his crocodile tears with a big handkerchief.

译文：他走在送葬队伍的前头，还不时地用一条大手绢抹去他那鳄鱼的眼泪。

分析："wiped his crocodile tears"直译为"抹去他那鳄鱼的眼泪"，形象生动；如果意译为"猫哭耗子假慈悲"或"假惺惺的泪水"，反而语气减弱，失去了原文的韵味。

例4：He is like a toad trying to swallow a swan.

译文：他那是癞蛤蟆想吃天鹅肉。

(二)意译（liberal translation or free translation）

刘重德教授在他的专著《文学翻译十讲》中给意译的定义为：

什么是意译？它可以被定义为一种辅助手段，主要传达原文的意思和精神，而不试图再现原文的句式或修辞。只有在译者确实不可能直译的情况下才采用直译法。

由此可见，意译是指译文为了完整而准确地把意思表达出来，不拘泥于原文的语言形式，按译入语的习惯重新遣词造句。意译重在表达其内容，是不同于乱译的重要翻译方法之一。当按照原文字面意思进行翻译译不通，译语读者也不能理解，且不能有效地表达原文深层意蕴时，就应透过原文的字面意思，打破原文的语言形式，采用意译法来翻译。例如："a shot-gun wedding(因女方怀孕而不得不举办的婚礼、奉子成婚)""chew the fat(闲谈)""a fat chance(渺茫的机会)""dead shot(神枪手)"等。

下面请再看一些用意译法翻译的例句分析。

例1：In the age of information, we are open books.

原译：在信息时代，我们都是公开的书本。

分析：原译采用直译的方法来翻译，译文让人不知所云。该句应意译。

改译：在信息时代，我们每个人的一切情况都没有什么秘密可言了。

例2：They broke the mould when they made you.

译文：世上没有相同的人。（千人千面）

分析：该句子如果直译为"他们造出你后便将模子打碎了"，会让人难以理解，莫名其妙。因此，要用意译法将其内涵翻译出来。

例3：Do you see any green in my eye?

译文：你以为我是幼稚好欺骗的吗？

分析：这个句子如按原文直译为"你从我的眼睛里看到绿颜色吗？"会令读者不知所云，所以应采取意译。

例 4：Insecurity and unemployment, the "rat race" of American life place heavy strains on marriage and the family.

译文：失业和缺乏保障，美国生活的"激烈竞争"给婚姻和家庭带来沉重的压力。

分析：这句话中的"rat race"不能直译为"耗子赛跑"，应用意译法翻译。

例 5：Life is a hereditary disease with a 100% fatal prognosis but that doesn't mean we should not take reasonable strides to avoid death when we can.

分析：如果将"a hereditary disease with a 100 % fatal prognosis"直译为"一种具有百分之百致命预后的遗传性疾病"，译文就令人费解。所以，此部分要意译。

译文：人类最终都会走向死亡，这是人类遗传所致，但这并不意味着我们不应该在可以避免死亡发生的时候采取合理的措施来阻止死亡发生。

例 6：The conversation around Google's search ad business on the desktop remains strong, but Google begins to look less like a one-trick pony as Chrome and Android open up more mobile ad opportunities for Google.

译文：围绕谷歌的桌面搜索广告业务，各方面的议论依然很强烈，不过，随着 Chrome 和 Android 在手机领域为谷歌带来越来越多的广告机会，谷歌看上去不再像以前那样"一招鲜，吃遍天"了。

分析：原文中的"a one-trick pony"原指"只会一招的小马驹"，此处指谷歌只对搜索引擎领域在行。这里用意译法译成"一招鲜，吃遍天"，非常生动、形象，而且中国读者容易理解。

值得注意的是，当译文的形式和原文的形式不一致的时候，就存在直译或意译的程度问题，即直译可以有程度不同的直译，意译也可以有程度不同的意译。

例 7：He had about as much chance of getting a job as of being chosen mayor of Chicago.

译文 1：他找到工作的机会和当选芝加哥市长的机会几乎差不多。（直译的程度最大）

译文 2：他要找到工作简直跟要当选芝加哥市长同样困难。（直译的程度减少，意译的程度增加）

译文 3：他找到工作的机会简直微乎其微。（意译的程度最大）

例 8：We are here today and gone tomorrow.

译文 1：我们今天在这里，明天就到别处去了。（直译程度最大，只翻译出字面意思）

译文 2：今日在世，明日辞世。（直译的程度减少，意译的程度增加）

译文 3：人生朝露。（意译的程度最大，将真正的意思译出）

（三）直译与意译兼用

直译和意译作为实际翻译中具体用到的两种方法，是可以并存的。直译和意译都有其限度，超出了限度，直译就会变成令人不解或不可一读的死译或硬译，意译就会变成随意发挥或随意伸缩的胡译、乱译，根本不可能产生完美的译文。任何一篇译文中，总是既有直译又有意译。所以，这两种方法灵活、得体的运用关系到译文忠实、通顺的程度。

请看下面的直译和意译兼用的例句：

例 1：While it seems to be painting the lily, I should like to add somewhat to Mr.Alistair Cooke's article.

译文：我想给阿利斯太尔·库克先生的杰作稍加几笔，尽管这也许是为百合花上色，画蛇添足，多此一举。

这句话先用直译法将"百合花"这个生动的形象词译出，然后再用意译法将其内涵"画蛇添足，多此一举"译出。

例 2：...Blessed by year round good weather, Spain is a magnet for sun-worshippers and holiday makers...

译文：西班牙蒙上帝保佑，一年四季气候宜人，宛如一块磁铁，吸引着酷爱阳光和度假的人们……

分析：该句的译文将直译与意译相结合，既将形象词"磁铁"译出，又将它的真正含义"吸引"表达了出来。

例 3：Folks have been tending to the chores of spring for generations, knowing full well that they really can't depend upon the hand that nature will deal them.

译文：人们世世代代都忙于春天该做的日常琐事。同时，人们十分清楚一点：大自然会给他们发什么牌，给他们什么运气，那是无法预料的。

分析：原文中的"deal"指"发牌"、"hand"指"发给的牌"。译文将直译与意译相结合，既译出"发什么牌"，又将其所指的意思"所给的运气"意译了出来。

例 4：John is a bull in a china shop.

意译：约翰是个好闯祸的人。

直译与意译兼用：约翰就像闯进瓷器店的公牛，动不动就闯祸。

分析："a bull in a china shop"的意思是"莽撞闯祸的人"。该句如果只用意译的方法，难以将其比喻形象译出，用直译与意译兼用的方法来翻译既生动形象，又将意思表达了出来。

例 5：In youth, we clothe ourselves with rainbows, and go as brave as the zodiac.

译文：青春年华的我们，能把彩虹做衣，敢上九天揽月。

分析：该句的译文既用上了直译，也用上了意译。前部分"clothe ourselves with rainbows"直接译为"把彩虹做衣"，但后部分不如前部分意思简单明确。"zodiac"意为天文学中所指的黄道带，故采取意译的方法译为"九天揽月"，符合译入语语言文化习惯，便于译语读者理解。

还有一些英语句子既可用直译，又可用意译，译者可根据语境或译者的要求来选择。

例 6：Every life has its roses and thorns.

直译：人生的道路既铺满鲜花，又充满荆棘。

意译：人生总是有苦有乐，甘苦参半。

例 7：Actions speak louder than words.

直译：行动比语言更响亮。

意译：事实胜于雄辩。

例 8：The best answer is to roll up your sleeves and do the job yourself.

直译：最好的办法是卷起袖子自己干。

意译：求人不如求自己。

例 9：He had one foot in the grave.

直译：他的一只脚踏进了坟墓。

意译：他已经是风烛残年。

例 10：A brewer's wife may drink of a tun.

直译：酿酒人的妻子不愁酒喝。

意译：近水楼台先得月。

例 11：Those who live in glass houses should not throw stones.

直译：住在玻璃屋里就不要扔石头。

意译：正人先正己。每个人都有短处，不要揭别人的短处。

以上例句分析说明直译法与意译法作为英汉翻译中最基本的两种方法，是相互协调、互相渗透的，它们各有不同的功用，两者既有明显的区别，又相互补充，既各有其长处，又各有一定的局限性，它们并没有绝对的优劣之分。直译法一方面有助于保留原著的风格，保持"异国情调"，另一方面又有助于不断从外国引进一些新鲜、生动的词语及句法结构和表达方式,使我国语言日益丰富、完善、精密。但是当原文不宜采用直译法处理时,就应采用意译法,按照原文表达思想内涵,而不是按照原文的结构和形式表达出来。在翻译过程中,直译和意译是相互依存、密切联系的。因此,译者要在翻译过程中积累经验,将直译与意译灵活地运用到翻译实践中去。

二、归化翻译与异化翻译

近十几年来,应该采用以译语文化为中心的归化翻译还是以源语文化为中心的异化翻译,一直是翻译界争论的一个焦点。异化与归化策略的选择受到众多因素影响,而译者的翻译动机则是关键因素。如果译者的目的是保持源语文化的风格,实现文化的传播与渗透,可采用异化策略;但译者的目的如果是取悦于目的语读者,保持目的语的文化风格,则可采用归化策略。

"以对等理论视角对归化、异化在翻译中的作用进行重新审视,以求得翻译中归化、异化的新应用……归化和异化是处于一种矛盾对立、辩证统一的状态,顾此失彼或是厚此薄彼的做法都不能圆满地完成翻译工作。正如鲁迅先生所说,凡是翻译,必须兼顾着两面,力求其易解和保存原作的风姿。归化、异化做到并用互补在实际翻译中全面权衡,多方考虑,才能使译文有较高水平与深刻内涵,才能实现真正的文化交流。"所以,在具体的翻译实践中,我们应在不妨碍译文读者理解的前提下,辩证、合理地运用归化和异化,使二者互为补充。

(一)异化翻译

异化翻译以源语文化为归宿点,提倡译文应尽量去适应源语的文化及原作者的表达习惯,即要求译者在向作者靠拢时着眼于民族文化的差异性,坚持文化的真实性,旨在保存和反映异域民族特性和语言风格特色,为译文读者保留异国情调,让读者感受不同的民族情感,体会民族文化、语言传统的差异性,有利于文化的交流,丰富译文语言的表现力。

韦努蒂是异化翻译理论的代表人物，他主张用异化翻译表现外国文本在语言和文化上的差异，这样译者就可以从原来支配他们写作的规范中解放出来。在译文中保持外国文本的独特性，不仅有效地传达了源语文本的意义，也忠实地再现了源语的语言特色和文化内涵。从读者的角度，异化的翻译满足了读者阅读外国作品时那种猎奇求异的心理需要。

从文化交流的角度，异化的翻译有利于不同的民族之间加深对彼此的了解与认识。同时，异化的翻译通过彰显各民族在语言和文化上的独特性，试图消除不同语言在文化地位上的不平等，使翻译真正成为不同文化之间的对话与交流。在此基础之上，弱势文化将被更广泛地传播、接受、吸纳，从而由弱变强，有效抵抗强势文化的霸权地位，真正成为世界文化大花园中不可或缺的组成部分。

翻译永远要面对文化差异，我们不能设法去抹杀这些差异。译文是不同文化出现的地方，异化翻译能保留这种差异，能保持译文对译入语读者的陌生和新奇，给读者一种全新的视野。虽然不同的文化之间存在一定差异，但人类本身就存在着许多共性，正是这种共性，才使不同民族文化之间实现了沟通、交流。随着现代科技的发展，国际、民族间的文化交流越来越广泛，也越来越频繁。异化的翻译丰富了各自语言的语汇，促进了文化的交流与融合，因此翻译中采用异化翻译法能够被人们理解和接受。

中西文化和语言中有许多不谋而合的经典妙句，两者在内容和结构上几乎完全一致，典型地反映了不同文化和语言之间的相通性。如"to be on the thin ice（如履薄冰）""like a bolt from the blue（晴天霹雳）""to strike while the iron is hot（趁热打铁）"等。现在我们常见的一些表达也有很多就是用异化法翻译过来的，如"ivory tower（象牙塔）""packed like sardines（挤得像罐头沙丁鱼）""dink/dinc family（double income and no child 丁克族）""armed to teeth（武装到牙齿）"等。

由此可见，异化翻译可以保持源语的语言特色和文化内涵，可以让目的语读者更加了解源语文化的精髓。这也是文化交流的一方面，尤其在文学作品的翻译中，每个译者都应尽量保持源语的文学性和文化特点。

例 1：To snatch ripe pleasure before the iron teeth of pain could have time to shut upon her...that was what love counseled.

译文：在苦痛的铁颚还没有叮住你的时候，抢着享受已经成熟的欢乐……这是爱情的忠告。

分析：这是《德伯家的苔丝》里的一句描写陷入爱情中却又摇摆不定的苔丝的心理活动的句子。用异化翻译法不仅保持了源语的语言特色，同时能让读者了解源语生动、形象的习语表达。如果译成"不等痛苦来临，先让自己尽情享受……"，虽然将原句的意思翻译了过来，但原文中的习语"before the iron teeth of pain could have time to shut upon her"并没有得到最好的表达。

例 2：I have a dream that one day even the state of Mississippi, a state sweltering with the heat of injustice, sweltering with the heat of oppression, will be transformed into an oasis of freedom and justice.

译文：我梦想有一天，甚至连密西西比州这样一个充斥着不公和压迫且酷热难当的荒漠之洲，也将变成自由和正义的绿洲。

分析：此句译者采用了异化的翻译技巧，保留了原文生动的比喻，如"充斥着不公和压迫且酷热难当的荒漠之洲"和"自由和正义的绿洲"。

例 3：It gives me great pleasure to see Chinese children shooting up like bean sprouts, full of vitality and energy.

译文：我非常高兴地看到华裔小孩像豆芽一样冒出来，充满生机和活力。

分析：译文把读者带入异国情景。原文用"像豆芽一样冒出来"形容英国华人社区华裔下一代越来越多这一事实，很传神、很新颖，用异化译法不落俗套。

例 4：I still think it's too risky；I think these "lightning marriages" will end up in "lightning divorces".

译文：我还是觉得这样太草率了，闪婚必然将会以闪离收场。

（二）归化翻译

归化翻译以目的语文化为归宿点，把译文读者置于首位，采取目的语读者所习惯的表达方式来传达原文的内容，并用目的语读者熟悉的语言和文化来表达源语的语言和文化，使译文表达的内容和形式在读者对现实世界了解的知识范围之内，使译文更透明、通顺、易懂，为两种语言更有效地交流扫除了语言和文化上的障碍。

对赞成归化翻译的译者而言，翻译作品时应排除语言和文化两方面的障碍，翻译的责任就是消除语言和文化障碍，让目的语读者接受译作。因此，只追求词汇上的对等是不够的，翻译最终的目的还应是通过将深层结构转换成表层结构或翻译"文章内涵"来获得"文化"对等。世界各民族文化之间的确存在许多共性，但由于生活环境、发展历程的差异，各文化之间也存在许多不同，各民族都有其文化个性。民族间的差异及其民族文化的特征决定各民族所使用的语言符号的差异。因此，如果用异化翻译法译出的短语或句子不能被译语读者理解或接受的话，就只能采用归化翻译法来译。

英语中的许多短语、习语可用归化法译成我们所熟悉的表达。如 to grow like mushrooms（雨后春笋）；butterflies in one's stomach（紧张不安）；it rains cats and dogs（大雨滂沱）；once burned, twice shy（一朝被蛇咬，十年怕井绳）；Talk the devil, and he will appear（说曹操，曹操到）；to teach a fish how to swim（班门弄斧）等。汉语和英语都有很多谚语、俗语，它们的核心意义是相同的，但喻体形象迥然相异，此时也不妨用归化翻译法改变喻体形象，在目的语中显得既准确又生动，达到良好的交流效果。如"爱屋及乌（Love me, love my dog）""留得青山在，不怕没柴烧（Where there is hope, there is life）""笑掉大牙（to laugh off one's head）"等。

有时候在不同的文化、不同的语言中，我们根本无法找到完全对等的词或表达法，这时归化翻译就发挥了其独特的作用来消除文化隔阂，促进文化交流。请看下面的例句分析。

例1：You seem almost like a coquette, upon my life you do. —They blow hot and cold, just as you do.

译文：你几乎就像一个卖弄风情的女人，说真的，你确实像。——而他们也正像你一样朝三暮四。

分析："blow hot and cold"是来自《伊索寓言》里的一句话，用来描绘一个人对爱人不忠实、很善变。如果用异化法直接按字面翻译为"吹热吹冷"，译语读者将会难以理解该表达的意思。但是如果我们用归化翻译法，用汉语的成语"朝三暮四"来表达的话，那么译语读者就能更好地理解整个句子的意思了。

例2：The same principle often applies in the settlement of lawsuits, a very large percentage of which end in what may be called a drawn game.

译文：同样的原则也常常被用在诉讼裁决中，绝大多数诉讼都以"和气"收场。

分析：本来"a drawn game"是"和局"的意思。虽然"和局"在汉语中也有，而这里却用归化法译成"和气"，就很具有中国文化的特色，读者更容易理解。

例3：Oysters are only in season in the R months.

原译：牡蛎在R月份里才当令。

分析：原译为异化译法，但肯定不会有多少中国读者知道它的意思。"R months"指什么？牡蛎与之又有什么关系？这些英美人都心知肚明。原译将中国人不明白的文化语境通通强加给汉语读者，是一种不负责任的做法。在英语文化里，"R months"指从九月（September）到第二年四月（April）之间的月份，除去它们之后，一年中剩下的就是五、六、七、八月四个最炎热的月份。

改译：夏季牡蛎食不得。

例 4：When he blames her for wasting money, he conveniently forgets he regularly loses half his own wage by betting on the wrong horses—it's the pot calling the kettle black, I'd say.

译文：他一面责备她乱花钱，一面却又忘了他自己赌赛马常常赌输钱，把自己的一半薪水都输掉了。——我说这实在是五十步笑一百步。

（三）归化翻译与异化翻译的辩证统一

归化与异化是相辅相成、辩证统一的。采用归化还是异化的翻译方法，并非静态而一成不变的，而应针对相应的源语文本、作者意图、翻译目的及读者要求，灵活运用这两种方法，将二者结合起来，从而实现不同文化之间的成功交流。

1. 语言层面

（1）词汇层面

	归化译法	异化译法
e-mail	电子邮件	伊妹儿
internet	互联网	因特网
bottleneck	卡脖子地段	瓶颈地段
U-shaped	马蹄形的	U 形的

以上词汇无论是归化译法还是异化译法都是准确得体的，并且已经为大众接受。

（2）句法层面

例：Farmers worked in their fields with great enthusiasm because they will have a good harvest again this year.

归化译法：农夫们因为看到今年又有好收成，所以他们在田里干得热火朝天。

异化译法：农夫们之所以在田里干得热火朝天，是因为他们看到今年又有好收成。

分析：汉语句法中因果关系句强调先因后果，英语句法中的因果关系句没有先后之分。异化译法中的"之所以……是因为"虽不符合汉语的表达习惯，但也无伤大雅，完全能被汉语吸收，并成为汉语句法的组成部分。

（3）修辞层面

例1：To kill two birds with one stone.

归化译法：一箭双雕。

异化译法：一石二鸟。

例2：There is no smoke without fire.

归化译法：无风不起浪。

异化译法：无火不起烟。

例3：Among the blind the one-eyed man is king.

归化译法：山中无老虎，猴子称霸王。

异化译法：盲人王国，独眼为王。

例4：A rolling stone gathers no moss.

归化译法：流水不腐。

异化译法：滚石不生苔。

以上四例中的归化译法虽然和原文的表层含义有点出入，但其深层含义是等同的，广大读者又能轻易理解。异化译法是按照原文的表层意义进行翻译，虽然读起来让人有生疏之感，但读者不难理解，同时读者对异域文化也有所涉猎。可见，在以上例句中，归化与异化都能很好地再现原文的内涵与外延。

2. 文化层面

在对文化信息进行翻译处理时，有时无论是归化还是异化都不能尽善尽美，如果把归化与异化结合起来却是柳暗花明又一村，既保留了文化异质，给读者提供了了解异域文化的机会，又使译文通俗易懂。

例1：It is true that the enemy won the battle, but theirs is but a Pyrrhic victory.

归化译法：敌人确实赢得了战斗，但他们的胜利是得不偿失。

异化译法：敌人确实赢得了战斗，但他们的胜利只是皮洛士式的胜利。

综合译法：敌人确实赢得了战斗，但他们的胜利只是皮洛士式的胜利——得不偿失。

分析：皮洛士（Pyrrus）是古希腊伊庇鲁斯国王，曾率兵至意大利与罗马交战，虽打败罗马军队，但付出惨重代价。因此人们常用"皮洛士式的胜利"来借喻以惨痛代价获取的胜利——得不偿失。

例2：The stork visited the Howard Johnstons yesterday.

归化译法：霍华德·约翰斯顿家昨天添了一个小孩。

异化译法：昨天，鹤鸟来到了霍华德·约翰斯顿家。

综合译法：昨天，传说中能带来小孩的鹤鸟来到了霍华德·约翰斯顿家。

分析：英语神话故事中，传说小孩是由鹤鸟带来的。

例3：The crafty enemy was ready to launch a new attack while holding out the olive branch.

归化译法：狡猾的敌人，一边表示愿意讲和，一边准备发动新的进攻。

异化译法：狡猾的敌人，一边伸出橄榄枝，一边准备发动新的进攻。

综合译法：狡猾的敌人，一边伸出橄榄枝，表示愿意讲和，一边准备发动新的进攻。

分析：此例中，"olive branch"字面意义上指橄榄的树枝，在圣经故事中它是大地复苏的标志，在西方文化中是和平的象征。综合译法将异化和归化相结合，形神兼备，让目的语读者更容易接受和了解源语所负载的宗教文化信息。

以上三例中的归化译法虽然把原文的意义再现出来了，读者能轻易读懂，但以牺牲源语文化中的文化异质为代价；异化译法虽然再现了源语文化的文化异质，但不懂这些文化的读者就很难理解。因此，无论采用哪一种策略都不妥当，但如果把归化译法与异化译法结合起来进行翻译，则完全能解决这一矛盾。这样既保住了源语文化中的文化异质，有利于促进文化传播与融合，又增加了译文的可读性。

三、语义翻译与交际翻译

"各国文化渊源不同，文化背景不同，由此而造成的交流障碍远远超出了由于语言不同而带来的困难。要想准确传达语言所负载的信息，就必须透彻地了解文化……许多翻译工作者和翻译理论家正在或已经致力于研究有建设性的、不同于以往的理论，以便帮助翻译者在翻译实践中不断跨越由于文化误读而带来的语际交流间的鸿沟。在这一研究领域中，彼得·纽马克创立了交际/语义翻译理论，他的这一理论提供了全新的翻译实践和翻译研究视角。"语义翻译（semantic translation）与交际翻译（communicative translation）是彼得·纽马克在1981年出版的专著《翻译问题探讨》（*Approaches to Translation*）中提出的。纽马克继承了前人的研究成果，并结合理论思考予以创造性的发挥，从不同角度对翻译类别、原则及翻译方法和技巧诸方面较全面地从理论的高度做了系统的阐述。纽马克认为对于是否忠于原文，是强调源语还是重视译语的问题是横在翻译理论和翻译实践之间不可逾越的鸿沟。纽马克提出要想解决其中的矛盾，办法之一就是不要再继续强调等效这个不可能实现的翻译效果，转而把"语义翻译"或者"交际翻译"作为指导翻译实践的规则。纽马克最重要的贡献就在于他提出了"语义翻译"和"交际翻译"的新概念，令人耳目一新，开拓了翻译理论研究的新途径。

（一）语义翻译

语义翻译，就是在译语语义和句法结构允许的前提下，尽可能准确地再现原文上下文意义。（Semantic translation attempts to render, as closely as the semantic and syntactic structures of the second language allow, the exact contextual meaning of the original.）（Newmark，2001：39）

语义翻译要求译文以原文的词汇和句法结构为中心，译者不仅不容许对原文进行修饰和修正，而且必须尽可能以词、短语和分句作为基本翻译单位。换言之,译文要接近原文的形式,在结构和词序安排上力求贴近原文。

语义翻译重视的是原文的形式和原作者的原意,而不是目的语语境及其表达方式,更不是要把译文变为目的语文化情境中之物。因此,语义翻译仍于源语文化内,强调的是原文信息的传递,能帮助读者了解原文的内涵和意义。

(二)交际翻译

交际翻译是指译作对译文读者产生的效果应尽量等同于原作对原文读者产生的效果。(Communicative translation attempts to produce on its readers an effect as close as possible to that obtained on the readers of the original.)(Newmark,2001:39)

交际翻译注重接受者的理解和反应,即信息传递的效果,也就是说注重功能的传达,它要求译者重新组织语言结构,以使译文地道、流畅。

交际翻译的核心是译语读者,他们在阅读译文时,不希望遇到任何困难或模糊不清的现象,而是希望将异国风味充分地转译到自己的文化和语言中。翻译是一种交际过程,译者要尽可能地将源语文化转换成目的语文化。译者在把一种文本移植到另一种文化中去时,要力求使目的语读者理解源语作者的思想世界,使目的语读者和源语作者享有共同的思想意识内涵。

交际翻译的重点是根据目的语的语言、文化和语用方式传递信息,使译文不论是在内容上还是在语言形式上都能为读者所接受,而不是尽量忠实地复制原文的文字。因此,译者在交际翻译中有较大的自由度去解释原文、调整文体、排除歧义,甚至是修正原作者的错误。

(三)语义翻译和交际翻译的区别与联系

语义翻译与交际翻译的一个最基本的区别,就是二者强调的重点不同。语义翻译追求信息发出者的思想过程,把表达内容限制在原文文化范围内,不改变原文中富有民族文化色彩的概念,力求保留原作者的语言特色和独特的表达方式,试图再现原文的美学价值,因此在结构和词序安排上更接近原文。交际翻译则强调信息的"效力"而不是信息的内容；交际翻译的关注点是目的语读者，尽量为这些读者排除阅读或交际上的困难与障碍，使交际顺利进行。因此，交际翻译会把原文中富有民族文化色彩的概念转化为符合目的语语言和文化的表达方式，使译文更合乎译语规范。总之，交际翻译不拘泥于源语文化背景，而语义翻译是以源语文化为基础的；交际翻译是功能性的，语义翻译是表达性的；交际翻译是主观性的、直观的，语义翻译是客观性的、认知性的；交际翻译重效果而轻内容，语义翻译重内容而不重效果；交际翻译是以译语读者为中心的，它注重文本语境意义的传达，语义翻译则是以源语文本为中心的，侧重文本意义的传达。

交际翻译和语义翻译虽有区别，但两者并不是互相排斥的。交际翻译和语义翻译之间往往有重合，是翻译活动这一连续体中不可割舍的两种翻译手段。在译者对原文信息进行解读的过程中，如果原文信息带有普遍性，不带文化特性，信息内容的重要性与表达信息的方式和手段同等重要，而译文读者的知识水平和兴趣又与原文读者相当，就可以同时采用"语义翻译"和"交际翻译"，因为这样可以同时照顾到原文作者和译文作者，如翻译重要的宗教、哲学、艺术、科学文本时，交际翻译和语义翻译常同时使用。在翻译中往往会出现这种情况：同一篇作品有的部分须采取语义翻译，有的部分则需采用交际翻译，二者互为补充、相辅相成。因此，对一个文本的翻译，没有纯粹的语义翻译或绝对的交际翻译，只有几种翻译方法的相互重叠。只有灵活运用翻译方法，才能在翻译实践中游刃有余，译出高水平的作品。

（四）语义翻译与交际翻译在实际中的运用

在日常翻译工作中，许多译者都倾向于采用交际翻译法，这些文本包括新闻报道、科技文献、公文信函、宣传资料、广告、公共场所的通知标语、通俗小说等。在某些具体的文本中，有些像权威的语录，生动活泼、新颖的比喻，适用语义翻译法；相反，一些约定俗成的交际用语，已经众所周知的比喻则适用交际翻译法。

例1：Wet Paint！

译文1：湿油漆！

译文2：油漆未干，请勿触摸！

分析：译文1为语义翻译，传达了信息内容，但效果显然未译出。译文2为交际翻译，译文传达出了原文的内容意义和语用意义，传递了此告示的功能，达到了语用等效。

例2：Savage dog！

译文1：疯狗！

译文2：小心被狗咬！

分析：译文2为交际翻译，起到了真正的警示作用。

例3：DO NOT ENTER.

译文1：不要进入。

译文2：单行道，勿逆行。

分析：这是一块立在美国市内街道由北向南行驶的单行道南口的路牌，意思是指汽车不能由南向北行驶进入这条道。如用语义翻译的方法按字面意思直译，效果显然不好，还可能造成一些误会和麻烦。如果为了读者考虑，根据语境对原作进行修正，用交际翻译的方法译成"单行道，勿逆行"，其内含意义则得到充分体现。

例4：In case of fire, use stairs. Don't use the elevator.

译文1：如遇火灾，请用楼梯，勿用电梯。

译文2：如遇火灾，请走楼梯，勿乘电梯。

分析：译文1为语义翻译，该译文没有注意语言之间存在的语言差异。译文2为交际翻译，该译文具有较强的号召力和鼓动力，使人更易于接受。

例5：When East Meets West

译文：入乡随俗的洋快餐

分析：这是一篇关于外商在中国经营饮食业的文章的标题。若是按语义翻译的话应译为"当东西方相遇"，但这样的翻译只是忠实地将字面意思译出，读者却从这样的标题中获取不了任何信息，不知所云。所以为达到交际的目的，使译文读者获得与原文读者相同的感受，此处采用交际翻译，翻译为"入乡随俗的洋快餐"，使读者一看就明白文章将要讲什么。

例6：We've hidden a garden full of vegetables where you'd never expect, in a pie.

译文1：在您意想不到的小小馅饼里，我们为您准备了满园的蔬果。

译文2：满园蔬果馅饼里藏，让你惊喜让你尝。

分析：原文是一则英语广告，从译文可以看出，译文2的交际翻译更能突出语言传达信息、宣传产品、产生效果的作用。

例7：金玉满堂（中国菜名）

译文1：Hall Full of Gold and Jades

译文2：Shrimp and Egg Soup

分析："金玉满堂"其实就是虾仁鸡蛋汤，可如果照菜名字面意思用语义翻译来译，既不能传达出这道菜的用料、加工方法等信息，也没有传达出其文化含义，而且会让外国客人感到很迷惑。如用交际翻译译成"Shrimp and Egg Soup"，译语读者就很容易理解了。

例8：红烧狮子头（中国菜名）

译文1：Lion Head Braised in Brown Sauce（语义翻译）

译文2：Stewed Pork Ball in Casserole（交际翻译）

从以上例句可以看出，语义翻译是在原文的基础上将基本的语义的意思表达出来，而交际翻译面向的是社会大众，重在客观信息的传播及读者在获得信息后所做的反应或采取的行动。交际翻译就是通过结合语境，以交际为目的，通过调整形式或结构，以最准确及符合目的语的译文来更好地传达原文的意思，而且更加生动，加强了语气。

所以由此看来，相对语义翻译，交际翻译更准确、更容易被接受。但我们不能说用语义翻译法译出的译文就一定比用交际翻译法译出的译文差一些。在翻译中，有时为了反映出原文的独特韵味，保持异国情调，保留作者的个人风格，保持原文的生动形象，补充或丰富汉语词汇，使译文新鲜有力，用语义翻译的方法则优于交际翻译的方法，这样，原文的语言和文化差异就能得到保留。如 lame duck（跛鸭，即将卸任而未重新当选的官员）、a stick-and-carrot policy（大棒加胡萝卜政策，指"武力恫吓和物资引诱相结合的政策"）等。

因此，译者要学会灵活地运用这两种翻译方法。"译者必须把各种文化因素考虑在内……论及读者在翻译过程中的影响力，纽马克指出，译者应考虑读者的接受能力会受到其知识水平和兴许爱好的限制。同时，他认为翻译不应只考虑读者的需求……特别是当我们介绍中国传统文化给外国人时，'三忠实'原则应该是提倡的。"

第二节　英语翻译的常用技巧

翻译是沟通两种语言的桥梁。通过这一桥梁，将原文所表达的思想内容用译文语言形式进行传达，这就需要同时和两种语言打交道。通过英汉语言的对比，明确两种语言表示同一意义的方法和异同，并在此基础上找出同一文中存在不同之处的最典型的方法，这就是翻译技巧。

翻译技巧是人们在翻译实践中总结出来的一些行之有效的具体手法。恰当使用翻译技巧可以使译文忠实、顺畅地再现原作内容，更加符合译文语言的表达习惯。人们已总结出不少翻译技巧，对于常用的翻译技巧也已经做了大量的论述和讲解。本章从翻译理论的角度出发，根据英汉两种语言的特点，运用对比分析的方法，研究为什么要使用这些翻译技巧。英汉翻译中常用的技巧有遣词法（diction）、换译法（conversion）、增译法（amplification）、重译法（repetition）、省译法（omission）、反译法（negation）、分译法（division）、倒译法（inversion）等。

一、遣词法

遣词法就是在翻译过程中进行遣词用字、精选词语、准确表达，真实再现原文意义和风格。

英汉两种语言在词汇语义含量、词义对应关系、词汇搭配用法及词义的感情色彩等方面都有很大差异，因而在表达同一思想内容时，常常使用不同的词汇。要想解决这一矛盾，保证译文质量，在正确理解原文意义的基础上，必须考虑译文语言表达该意思用什么词最为恰当，准确选出相应的对等词。理解和选词必须依托一定的上下文语言环境。

例1：Caesar was mighty, bold, royal, and loving.

译文：恺撒是威严勇猛、慷慨仁慈的豪杰。（比较：恺撒是非凡勇猛、威严、仁慈的）

例2：The facts are more prosaic than the legend.

译文：事实并不如传说那样神乎其神。（比较：事实比传说要平凡些。）

以上两例是译者在传达原作者思想情感方面进行创造性的翻译。译者在深刻理解原语信息的实质及各种附加色彩的基础上，发挥译语的潜在表现力，准确充分地将其传达给译文读者。

例3：The white moon heard it, and she forgot the dawn, and lingered moon in the sky.

译文：明月听见它，居然忘记落下去，却只顾在天空徘徊。

例4：It was strange, but everything seemed to have its double in this invisible wall of clear water.Yes, picture for picture was repeated, and couch for ouch.

译文：真奇怪，每样东西在这堵看不见的清水墙上都有一个跟它完全一样的副本。是的，这儿有一幅图像，墙上也有同样的一幅图像，那儿是一张榻，墙上也是一张榻。

例 3 中，译者并不局限于原文"she forgot the dawn"的表层意义。这里，作者想要表达的并不是说月亮忘记了黎明的到来，而是说月亮本应在黎明到来时落下去，她却因为沉浸在夜莺泣血的鸣唱中忘记落下去了。译文可谓准确地抓住了原作的精神。

例 4 中的"picture for picture was repeated, and couch for couch"这句话在译文中也被表现得淋漓尽致。译者透过原文的字句用自己的眼睛逼真地看到了原文所创造的艺术世界，所以才能如此生动形象地把它们再现出来。（郭著章等：《翻译名家研究》）

遣词用字是否恰当是翻译中一个十分重要的问题，也是翻译的基本功，翻译中的遣词法的运用应遵循下列原则：

（一）根据上下文准确判断词义

遣词的前提是准确把握词义，而词义的把握往往取决于上下文语言环境。请看英语"story"一词在下列诸句中的不同意义及译法。

例 1：this war is becoming the most important story of this generation.

译文：这场战争将成为这一代人的最重大事件。

例 2：It is quite another story now.

译文：现在的情况完全不同了。

例 3：Some reporters who were not included in the session broke the story.

译文：有些没有参加那次会议的记者把内情捅出去了。

例 4：The Rita Hayworth story is one of the saddest.

译文：丽泰·海华丝的遭遇算最惨的了。

例 5：A young man came to Scothe's office with a story.

译文：一个年轻人来到斯科特的办公室报案。

（二）分清词义的褒贬

人们在使用语言表达思想时，往往带有感情色彩，这种感情色彩表现在词语上大多有褒贬意义。在翻译中必须把握词的褒贬意义，并且准确无误地将其表达出来。

例1：He is bright and ambitious.

译文：他很聪明，有抱负。

例2：He is so arrogant that no one will keep company with him.

译文：他很狂妄自大，谁也不愿意与他相交。

（三）符合汉语的搭配习惯

遣词用句要符合汉语的构词规律和搭配习惯。

例1：to read one's mind.

译文：看出某人的心思。

（四）讲究译文词语熔炼

言之无文，行之不远。在正确选择词义的基础上，要讲究炼词。既要准确恰当，又要精练优美。通过推敲，选用精美的词语，使译文更加传神。

例1：We were eager to benefit from your curiosity.

译文：我们殷切希望从你们的探索精神中获益。

二、换译法

换译法，就是在翻译过程中进行词类转换。从语法角度考察，英语一个词能充当句子的成分与汉语相比显得较少，且充当不同成分时常需要改变词类。此外，英汉两种语言的词类使用频率不同。英译汉时，应根据汉语的行文习惯，对词类做必要的转换，使译文通顺流畅。

（一）名词换译成动词

英语中使用名词较多，汉语中使用动词较多，翻译时要常进行词类换译。

例：A study of that letter leaves us in no doubt as to the motives behind it.

译文：研究一下那封信，就使我们毫不怀疑该信是别有用心的。

（二）介词换译成动词

英语习惯大量使用介词，而汉语常用动词表达相应的意义，所以在翻译中常使用换译法把英语的介词换译成汉语的动词。

例：He has an eye for color.

译文：他有辨别颜色的能力。

（三）形容词换译成动词

英语的形容词有时也可换译成汉语的动词。

例：Meanwhile, half-starved and often ill Crane continued to writing.

译文：在此期间，克兰处在半饥饿状态，常常生病，但仍然坚持写作。

（四）副词换译成动词

英语中某些形式上与介词相同的副词，往往也可以换译成汉语的动词。

例1：Let him in.

译文：让他进来吧。

例2：The moon will soon be out.

译文：月亮快出来。

（五）其他情况

其他一些词类，翻译时也可能要进行换译，以增加译文的可读性，这就需要灵活处理。

例1：Let me see if it.

译文：让我瞧瞧它是不是合适。（动词换译为形容词）

（六）严格遵循规律，进行词类换译

我们使用换译法时，一方面要掌握译文在使用词性方面的规律，另一方面必须严格遵循这些规律来进行翻译中的词类转换。我们再看下面几例。

例1：Every morning she would go to the lake area for a walk.

译文：每天早上，她都要到湖区散步。（名词换译为动词）

例2：My suggestion is that he should quit smoking at once.

译文：我建议他立刻戒烟。（名词换译为动词）

例3：At noon, she came home for lunch.

译文：中午，她回家吃午饭。（介词换译为行为动词）

例4：These rustic lassies are good singers.

译文：这些乡下小姑娘唱得很好。（名词换译为动词）

例5：I am no drinker, nor smoker.

译文：我既不喝酒也不抽烟。（名词换译为动词）

值得一提的是译文中的词类转换并不是随意进行的，而是遵循着语言中的客观规律，如果我们不遵循这一规律，译文就无法做到通顺或地道。例2中把 My suggestion is that he should quit smoking at once 译成"我建议他立刻戒烟"，译文非常地道。如果完全按照原文词类把此句翻译成"我的建议是他必须立刻戒烟"也符合译文的语法，按一般要求也算可以了，但是比起前面的译文来就显得不够地道，在文采上要逊色得多。

（七）译例欣赏

以下译例是巴金译自英国作家奥斯卡·王尔德的童话。王尔德童话集的一大语言特色是文体富有音乐性，节奏感很强。巴金为了使译文能保留这一特点，他常常将英文中的介词换译成动词，以此来加强行文的节奏感。他的这一手法常常是极为有效的。

例1：There stood the Miller with a lantern in one hand and a big stick in another.

译文：门前站着磨面师，一只手提一个灯笼，另一只手拿一根手杖。

原句只有一个动词"stood"，译者巧妙地把介词"with"换译为动词，使译文中出现了"站着提"和"拿"三个动词。

例 2：When suddenly two little boys in white smocks came running down the bank, with a kettle and some faggots.

译文：忽然有两个穿白色粗外衣的男孩提着水壶抱着柴块跑到岸边。

原文中只有"came"和"run"两个动词，通过运用介词换译为动词的手法，译文中动词就增至"有""穿""提着""抱着""跑"和"来"六个，语句的节奏感大大增强。

上述译例都成功地通过介词到动词的转换，把原文本来仅有的一两个动词，在译文中增至三到六个，使之读起来有一种起伏的流动感，在语句的节奏感方面几乎可与原文相媲美。（郭著章等：《翻译名家研究》）

三、增译法

通过英汉语言的对比，可以发现英语虽没有量词、助词，其意义却隐含其中。另外，英语一些不及物动词本身意义就很完整（宾语常隐含其中），汉译时应根据上下文的需要增译出来，否则意思就不完整。

例 1：I could knit when I was seven.

译文：我 7 岁时就会织毛衣。

英语 knit 是不及物动词单独使用，汉语"织"为他动词，使用时后面应该有宾语，故译为"织毛衣"。

原文中一些隐含在字里行间的意义，一些因中英表达方式不同，按字面照译无法说清的意思，均需要通过增词的手段来表达。

例 2：this was his court ship and it lasted all through the summer.

译文：这便是他求爱的表示，他就这样过了一整个夏天。

例 3：I hope the town has made preparations.

译文：我希望城里已经给我预备了住处。

这里译者引申了原文的形象内容，把原文的抽象名词转化为汉语中更为常见的具体的形象，通过增译的手段，译出了原文的言外之意。

英语中有单、复数的概念，汉语名词没有复数的概念，这是两种语言的一个差异，汉译时有必要增译表复数的词语。

增译法的运用就是通过在译文中增加必要的单词、词组、分句或完整句，从而使得译文在语法、语言形式上符合译文习惯，并且在文化背景及词语联想方面与原文一致起来，使得译文与原文在内容、形式和精神等三方面都能对等起来，从而忠实、通顺地表达原文内容，而不是增加原文没有的意思。英译汉时增译法一般用于下列情况：增译原文所省略的词语；增译必要的连接词语；通过增译表达原文的复数概念；用增译法把抽象概念表达清楚（见上面例 2 和例 3）；逻辑性增译；概括性增译；从修辞连贯角度考虑增译等。

四、重译法

为了使语言简练，英语经常避免重复，而汉语则不怕重复。英语中经常使用一个动词接几个宾语（或几个表语），相同的动词可省略；或大量使用代词以避免重复名词。在上述情况下，汉语可以采取重复的手法。英汉翻译时就经常采用重译法，处理英汉两种语言表达上的差异。

（一）重译几个动词共有的宾语

例：We should learn how to analyze and solve problems.

译文：我们应该学会分析问题和解决问题。

（二）重译代词代替的名词

例：Some of the materials which were pushed up the crust from the molten core of the Earth formed water.Others formed the gases of the atmosphere. The water evaporated to form clouds.These rose into the sky to form rain.

译文：某些物质从熔化的地心被推到地壳，形成了水，另一些物质形成了大气层中的气体。水蒸发后形成了云。云升入高空形成雨。

（三）重译动词

重译动词分以下两类情况：

（1）英语句子常用一个动词支配几个宾语，在翻译时往往要重译这个动词。

例1：They were starting from scratch and needed men, gun, and training.

译文：他们是白手起家的，他们需要人员，需要枪支，需要训练。

（2）英语句子中如果动词相同，则不重复动词，只重复介词（或只变换介词），但在译文中通常要重译动词。

例2：The snow falls on every pond and field, and no crevice is forgotten; by the river and pond, on the hill and in the valley.

译文：雪花撒落在树上；撒落在田野里；撒落在河边、湖畔；撒落在山峦和山谷中。大雪纷纷飞，连小小的岩缝中都飘进了雪花。

（四）修辞性重译

有时为了使译文语言生动活泼、语势得到加强等，英汉翻译时可以采用重译法。汉语中词的重叠和四字对偶等均是借助重复这一修辞手段，这是汉语的一大优势，恰当地利用可使译文增色。

例1：The news is quite true.

译文：这消息是千真万确的。（比较：这消息十分正确。）

例2：He is a fool.

译文：他是个愚昧无知的人。（比较：他是个愚蠢的人。）

例3：Our friendship will last generation after generation.

译文：我们将世世代代友好下去。（比较：我们将世代友好下去。）

重译法基本上属于增译法，因为在大多数情况下，重复就是增词，只是增加的词是上文刚刚出现的某个关键词的重复。使用重译法的目的主要有三个：一是使意义明确；二是使译文生动活泼；三是加强语势。

例4：Ignorance is the mother of fear and of admiration.

译文：无知是恐惧的根源，也是钦佩的根源。

例5：Avoid us in this computer in extreme cold, heat, dust or humidity.

译文：不要在过冷、过热、灰尘过重、湿度过大的情况下使用此电脑。

例6：I had experienced oxygen and /or engine trouble.

译文：我曾经遇到的情况，不是氧气设备出故障，就是引擎出故障，或两者都出故障。

五、省译法

英汉两种语言在表达方式上有所不同，翻译时为了符合汉语习惯，在不损害原意的情况下常常可以省译一些可有可无或不符合汉语句法的词语，目的是使译文更加通顺，意思更为清楚，更忠实于原文。

（一）冠词、代词、介词、连词的省译

英语中有冠词，汉语没有这一词类，英语的代词、介词用得也远比汉语多。上述词类汉译时往往可以省略不译，省译后意思并不含混，反而更为简练明白。

例1：They praised the boy for his bravery.

译文：他们称赞这小孩勇敢。（省译介词）

例2：If winter comes, can spring be far?

译文：冬天来了，春天还会远吗？（省译连词）

（二）系动词的省译

英汉语在谓语成分上一个明显差异是：英语的句子不能缺少动词，即使是交代或说明人物或事物的性质或情况，也要用一个系动词，汉语的谓语不一定非有动词不可，其谓语也可以是形容词、数量结构、方位结构或名词等。因此，在翻译中，英语的系动词一般可以省译。

例1：He was smooth, and agree able to meet.

译文：他待人处世，八面玲珑。

例2：The room was warm and comfortably American.

译文：屋内暖融融，美国式的布置十分舒适。

（三）修辞性省译

删去一些繁复的词语，避免由于啰唆而引起的意义不清楚，以求译文简练、层次分明。

例1：There was no snow, the leaves were gone from the trees, the grass was dead.

译文：天未下雪，但叶落草枯。

省译后，译文简单明了，若不省译，意义反而不大清楚。

例2：Then the snow came and after the snow came the frost.

译文：随后雪来了，严寒也到了。

例3：And he took the cloak and the amber chain from the close where they lay, and showed them to her.

译文：他从柜子里拿出斗篷和琥珀项链来，给她看。

译者根据汉语的语言习惯，省译了部分词语，以免译文给人啰唆累赘的感觉。通过把原文形式上表现出来的一部分融入内容中去，译文显得更为简洁、清楚，却丝毫没有损害原文的意义和艺术内容。

例4：He is not well today, but he still comes to class.

译文：他今天身体不好，但（他）还是来上课了。

例5：The sun is bright, and the sky is clear.

译文：阳光灿烂，（和）晴空万里。

在翻译过程中，许多在原文中必不可少的词语，若是原原本本地译成汉语，就会成为不必要的冗词，译文会显得十分累赘。省译法在英汉翻译中使用非常广泛，其主要目的是删去一些可有可无、不符合译文习惯表达法的词语。英译汉常见的省译情况有：①代词的省译；②冠词的省译；③介词的省译；④连词的省译；⑤动词的省译；⑥非人称代词"it"的省译等。

因语法的需要，如果不省去这些词语，译文就会显得拖泥带水，甚至会出现画蛇添足的结果。从一定的意义上来讲，增译法中的规律反过来就是省译法的规律。

六、反译法

英汉两个民族由于文化背景的不同、思维方式的差异及认识事物的方法有别，经常会出现两民族的人从不同的侧面看待同一事物。这样，就使得英汉两种语言表达习惯上有不一致的情况，但均可以从正面或反面表达同一概念。英汉翻译时如果用正面表达有困难，译文欠通顺，则需要改用反面表达，或将反面表达改成正面表达。柯平在其《英汉与汉英翻译教程》中称这种情况为"视点转换"。他认为采用这种手段的理由是原语和译语文化之间可能存在的认知和思维习惯上的差异。

使用反译法，通常是在译文中，将原文有些肯定或正面表达的一些说法译为否定或反面的说法，或将原文中一些否定或从反面表达的一些说法改为肯定或正面的说法。这种变换绝对不是改变原文意义，而是在保存原作意思的前提下，使译文更加符合译语的表达习惯，符合行文的需要或修辞的需要。

七、分译法

分译法源于英汉语法结构的差异。一般来说，英语长句、复杂句较多，而汉语句子一般比较短，且句式结构不如英语那么复杂。为了符合汉语表达习惯，翻译时，经常把一些词语、子句或句子拆开来分译。

例1：Energy can neither be created nor destroyed, a universally accepted law.

译文：能量既不能被创造也不能被消灭，这是一条普遍公认的规律。

此例为名词短语分译成一个句子。

有时甚至把整个句子拆开来进行分译，请看下面的译例：

例2：It was a real challenge that those who had learned from us now excelled us.

译文：过去向我们学习的人，现在反而超过了我们。这对我们确实是一个鞭策。

例3：Do you share the view that too many people are talking too much about China？

译文：现在谈中国问题的人太多了，说中国问题的话也太多了，你同意这种看法吗？

（一）句子分译

句子分译是分译法的主要内容。下面简要叙述句子分译时常见的情况。

（1）一个长句包含作者的多步逻辑推理，英汉翻译时，可用分译法。

（2）当修饰主语的成分，特别是非限制性定语从句太长时，要使用分译法。

（3）宾语修饰成分太长时需要分译。

（4）当状语太长而硬译成一句则读起来不通顺，或不容易理解时，应该分译。

（5）一个长句的从句实际上起着过渡或承上启下的作用，也就是说这个从句可以帮助长句的前一部分向后一部分过渡，这时要分译出来。

（6）含定语从句的句子，除少数情况外，这类句子都是长句。在英汉互译时，特别是在英译汉中，如能将定语从句译成前置定语，则尽量避免其他译法；如译成前置定语不合适，则按其他方法翻译，一般是分译成另外一个独立的句子或另一种从句，如状语从句等。

（二）单词分译

分译法作为一种翻译技巧，它除了指句子分译外，还指单词分译。单词分译包括某些词语意义的分译、单词搭配的分译、灵活对等分译、修辞性词语分译等。

（1）单词语义分译：英语中有些单词的语义呈综合型，即一个词内集合了几个语义成分。译成汉语时，不易找到合适的对等词，很难将其词义一下全部表达出来。这种情况，汉译时可采用分析型，即"扩展"型的方法分译原语，将其语义成分分布到几个不同的词语上。

例 1：That little pink-faced chit Amelia with not half any sense, has ten thousand pounds and an establishment secure, ...

译文：爱米丽亚那粉红脸儿的小不点儿，还没有我一半懂事，倒有一万镑财产，住宅家具奴仆一应俱全。

此例中的主语很长，由中心词"chit Amelia"加其前的一个形容词短语和其后的一个介词短语构成，在汉语中，很难找到这样一个较长的主语与之对应。因此，汉译时，只好将其拆分为了两个分句，语义也随之分为"小不点儿"和"懂事"这两个重心。

（2）单词搭配分译：英语中有些词语间的搭配关系颇有特点，汉译时要打破原文的结构，按照汉语习惯，将有关词语分别译出。

例 2：She had such a kindly, smiling, tender, gentle, generous heart of her own, ...

译文：她心地厚道，性格温柔可疼，器量又大，为人又乐观……

此例中"heart"一词被分译成"心地""性格""器量"和"为人"四个词，再与它前面的五个形容词搭配。

（3）灵活对等分译：英语中有些单词，如按其在句中的位置机械地译成汉语，往往容易造成意义不够明确。遇到这类情况，应采用灵活对等分译，不拘泥于形式对应，尽量使译文读者对译文的反应等同于原文读者对原文的反应。

例 3：Thus it was that our little romantic friend formed visions of the future for herself...

译文：我们的小朋友一脑袋幻想，憧憬着美丽的将来……如果逐字译成"我们的浪漫的小朋友憧憬着未来……"，并不能算错，但意思却不甚明了，因为"浪漫"一词在汉语中的含义较多。此处为"想入非非"，所以译成"一脑袋幻想"较为明确，既突出了人物性格，又避免了翻译腔。

（4）修辞性词语分译：有时将单词分译只是为了获取某种修辞效果。

例4：And in their further disputes she always returned to this point, "Get me a situation—we hate each other, and I am ready to go".

译文：从此以后她们每拌一次嘴，她就回到老题目，说道："给我找个事情，反正咱们你恨我我嫌你，我愿意走。"

一个 hate 分译成"恨"与"嫌"两个字，使得译笔生动，读者似乎如见其人、如闻其声。

八、倒译法

倒译法就是翻译时进行词序调整，是指译文与原文相比，词序发生了变化。根据前面英汉思维方式的比较，我们知道中国人思维上整体优先，从整体到部分的思维方法反映到语言上，就是在时间和空间概念上从大到小的排列顺序。而英美人则恰恰相反，英美人思考问题的程序是从小到大。这里就包含着两种文化和思维方式的差异，这是两民族在各自文化氛围中形成的具有各自特色的考虑问题和认识事物的习惯方式和方法。

英美人写信时地址顺序是收信人—住宅门牌号—街道名—城镇名—省名—国名，而中国人的顺序与之恰恰相反。时空顺序的表达也是如此。

此外，英汉两种语言的句子中，词序或语序往往不尽相同，分句顺序有时也有差异，英汉翻译时，应根据汉语的表达习惯做一些必要的词序调整。

例1：The mail came at 2：30am on September 12, 2000.

译文：邮件于 2000 年 9 月 12 日凌晨 2 点 30 分送到这来。

例2：His address is 3612 Market Street, Philadelphia, PA19104, U.S.A.

译文：他的地址是美国宾夕法尼亚州费城市场街 3612 号。邮政编码 19104。

例 3：Don't hesitate to come when you need help.

译文：你什么时候需要帮助，只管来找我。

例 4：Never have we seen so bright a future before us !

译文：我们从来都没有见过这样光明的前途。

英语和汉语在语法结构上有着许多差别。在翻译过程中，对原文的词序照抄照搬，丝毫不考虑译文的习惯，这样的机械性翻译，定会显得滑稽可笑，译文根本无通顺可言。翻译时根据译文的语言习惯，运用倒译法对原文的词序进行调整，使译文做到最大限度的通顺。

以上译例均采用了倒译法，词序都做了颠倒性的调整，这样的译文更符合汉语表达习惯。再看几个例子：

rain or shine 无论晴雨

inconsistency of deeds with words 言行不一

quick of eye and deft of hand 手疾眼快

back and forth, to and fro 前前后后，来来去去

every means possible 一切可能的手段

tough-minded 意志坚定的

heart-warming 暖人心的

east China 华东

north south, east and west 东西南北

第六章 各种文体的英汉翻译应用

第一节 新闻文本的翻译

新闻有其独特的文体特征。新闻报道要遵循及时、客观、准确（timely, objective and accurate）的原则。新闻报道的翻译，除遵循一般的翻译原则外，还应遵循新闻翻译的基本规律。

一、标题的翻译

在信息化时代，新闻是人们生活中不可缺少的一部分。新闻标题是新闻内容的高度浓缩，也是吸引读者视线的关键所在，在国际报道中，新闻占了相当大的比重，而英语新闻更是重中之重，标题被当作英语新闻报道全文的精练概括，为了吸引读者关注，往往采用各种手法来提升新闻标题的吸引力。同时给新闻标题的翻译带来不少挑战。新闻标题是新闻的重要部分，做好新闻标题的翻译极为重要。

（一）中英文标题对比

新闻标题是新闻的眼睛，也是新闻的重要组成部分。新闻标题是新闻文本对新闻内容加以概括或评价的简短文字。其字号大于正文，作用是划分、组织、揭示、评价新闻内容、吸引读者阅读。按不同的分类标准可以分不同的种类。

中英文标题都是新闻的重要组成部分，是对全部新闻内容的浓缩和提炼，使读者能在短时间内选择新闻、阅读新闻和理解新闻。新闻报道讲究客观公正，但是新闻标题具有明显的政治倾向，媒体编辑往往利用制作标题的机会借题发挥，在概括或浓缩新闻内容的同时，巧妙地融入自己的政治倾向，借以体现媒体的政治方针，宣传自己的政治主张，便于引导舆论。中英文标题在写作方面，都十分精练，含义深邃。

英语新闻相对较长，占字空间较大，所以标题必须十分简单。为了节省空间，英语新闻标题采用各种省略方法，一些动词、连接词和冠词会被省略。

（二）英语新闻标题的特点

1.措辞简短

首先，英文标题力求用有限的文字来表达清楚的新闻内容，因此偏爱用字母较少的词，为节省墨水和空间，句子中的虚词被省去，结果剩下的都是实词，特别是名词。名词具有很强的表意功能，信息量大，同时又具有广泛的语法兼容性。它可以充当多种词类角色，如动词、形容词、副词等，也可以简约明了的形式和结构表达完整的句法概念。

其次，英语新闻标题中还多使用"时髦词"（Vogue Words）。"新"是新闻的生命，同时也是新闻语言的生命。这是由新闻的本质决定的。新闻报道要放开眼界、与时俱进，将一切新事物、新现象、新思想、新潮流通过各种新闻媒介传播给广大受众。

最后，英语新闻标题为追求简洁经常使用缩略语和数字，英语新闻标题中常见的有很多缩写，可分为三种：组织机构专有名词；常见事物的名称及表示人们的职业、职务或者职称的名词。

例如：澳大利亚国内生产总值稳定增长（Australia's GDP Growth Outlook Improves），其中的 GDP（Gross Domestic Product）即国内生产总值，常采用缩写形式。

2.时态的选择

在英语新闻中现在时被广泛使用，为给读者以新鲜出炉、形象生动、跃然纸上的感觉，英语标题中一般不采用过去时态，而是采用现在时态，使读者在阅读时如置身于新闻事件的发生现场，这叫"新闻现在时"（Journalistic Present tense）。

3. 修辞

为追求形式的新奇以吸引读者，英语新闻标题还经常使用修辞手法。

（1）比喻。例如："Children Under Parents' Wing"标题形象地用翅膀来比喻父母的保护，用到了比喻的修辞手法。

（2）转喻：这是一种生动活泼而富有幽默形象的修辞手法，它凭借联想用一种事物名称来代替另一种事物。例如："Big brother"中用"老大哥"来代替"国家监管的监视后端"读来相映成趣、发人深省，同时也增加了严肃话题的可读性。

（3）对比：对比注重的是内容。在标题中，对比是利用词义间的相反或者相对来突出文章的内容。例如："New Blood, Ancient Wounds"中"New"和"Ancient"造成词义上的对比，增强语言的表现力。

（4）双关语：双关是文字游戏，用一个词或短语把两个毫不相关的东西联系在一起，其特殊性就在于两种事物之间的联系，表面上是一个意思，而暗喻中又有另一个意思。例如，"Microsoft opens a new window"中"window"既有窗户的意思，又指微软的新产品。

（三）英语新闻标题的翻译技巧

在阅读英语报刊时，不仅要看懂新闻的标题，还要能恰当地翻译新闻标题，这样才能正确地理解英语新闻标题的特点，从而正确判断新闻标题的寓意。翻译英语新闻标题时应注意三个方面：一要准确理解把握特点；二要翻译得当，增强可读性；三要注意读者的接受能力。这要求新闻翻译工作者多注意日积月累，对英语国家的国家历史、文化典故、时代背景有相当程度的了解和认识。在翻译时，能将原新闻标题的妙笔生花、画龙点睛之笔用同样精练的汉语表达出来，让读者感受到异曲同工之效。在对英语新闻标题进行翻译时，应该充分考虑英语和汉语的差异性，并且能兼顾汉语的表达习惯。

很多情况下，新闻标题因其独特的选词、句型结构和语法特点，理解和翻译并不容易，它不仅要求译者对中西方国家的文化、历史及事件发生的背景有全面的了解，还要熟知中西方的历史及语言的修辞特点，并掌握特定的翻译技巧。只有这样，才能更好地传达作者的原意，达到翻译"信、达、雅"的效果。

1. 直译或者基本直译

如果新闻标题的含义明白清楚，英语的表达方式与汉语完全或基本相同，直接翻译后中国读者不至于产生理解上的困难时，可以采用直译或基本直译。但直译不能影响准确达意，不能破坏标题的风格。

例如，武昌部分路段路灯"失明"（Some Street Lamps in Wuchang Blinded）中"失明"一词直接译为"blinded"，表示路灯不亮了，同时也采用了拟人的修辞手法，读者可以清楚地理解此标题的含义。

2. 意译

如果原新闻标题采用直译的方法不能准确概括新闻的内容，或不能如实体现作者意图，或者不合英语的表达习惯时，可根据情况适当采用意译。许多新闻标题不仅以其简洁精练引人注意，同时也通过运用各种修辞既有效地传递一些微妙的隐含信息，又使读者在义、音、形象等方面得到完美的享受。

例如，公交站牌"说胡话"（Pubic Transport Signpost Gives Wrong Directions）中"说胡话"即指错路，采用了意译的翻译方法。

3. 采用翻译权衡手法

有时一些新闻标题因修辞手法，或因文化及语言差异，在英语中难以表达其微妙意义时，不妨根据原新闻标题的字面意思结合新闻内容翻译出合适的标题，可采用如下方法：

（1）增词使意义完整

英语新闻标题用词一般不多和英语标题倾向于对某一内容做"重点化"处

理不求面面俱到，决定了其一般比较精练简短。而汉语新闻标题追求"全面性"和汉语一词一意，使得汉语标题用词相对较多。所以，在英译标题时，可以结合英语和汉语新闻标题的特点，适当增减一些词语，使标题形式更合理，意义更趋完整，如"人愈老，智愈高，心愈平"，"Older, Wiser, Calmer"。这条新闻聚焦于当今老龄化社会，尤其是老人们退休以后在处理各种问题时表现出来的睿智和冷静。翻译成"Older, Wiser, Calmer"使得"人""智""心"三字意义更加明确，句式更加整齐，更加符合读者的阅读习惯。

（2）减词

在新闻标题翻译中减词是最常见的方式，尽可能地减去原来标题中只具有语法功能的冠词、感叹词、关系词、连词、代词等以求语言的简练。同时省略标题中的次要信息以突出主要信息。

例如，"西部大开发""(Grand)Western Development"中的"大（Grand）"一词无须译出，读者即可明白其意。

正如好的新闻标题能够永远地留在人们心间一样，好的英译新闻标题也能使读者耳目一新，给人留下深刻的印象。新闻翻译者假如能够把握英语新闻标题的特点并把握相关翻译技巧，能以最简明扼要的形式向读者揭示新闻的主要内容，使读者更好地了解世界。

二、新闻报道的翻译

新闻报道一般包括标题（headline）、导语（lead）和正文（body）三部分。本节主要讨论新闻报道正文的编译（adapted translation）和解释性翻译（interpretative translation）问题。

（一）编译（Adapted Translation）

新闻报道的翻译，往往采用非逐字对译法。新闻报道之所以能引起读者的兴趣，是由于新闻价值在起作用。所谓新闻价值（news value），即指衡量新闻事实的客观标准。"读者兴趣"是新闻价值特殊要素之一。对外新闻报道,一要考虑本国国情,二要考虑外国受众的要求和兴趣,对新闻内容进行选择,做到正确无误,"有的放矢"。因此,有时在国内报道中占相当篇幅的新闻,在对外报道中则被编译成简讯、图片新闻等。请对比下面的新闻报道,注意领会英文报道是怎样择要而编的。还应注意句子结构变化、语态变化等。例如:

例1:从容上阵枪响世惊 李对红喜摘射击金牌 以687.9环创下新的奥运纪录

我国女子运动员李对红今天在女子运动手枪决赛中,以687.9环战胜所有对手,并创造新的奥运纪录。她为中国射击队在本届奥运会上夺得了第一块金牌,也使中国代表团夺得的金牌数上升为6枚。

(《光明日报》1996年7月2日)

译文:Li Shoots Nation's 6th Gold

China's Li Duihong won the women's 25-meter sport pistol Olympic gold with a total of 687.9 points early this morning Beijing time.

(China Daily, July 27, 1996)

(二)解释性翻译(Interpretative Translation)

新闻讲求清晰易懂。同英语新闻一样,汉语新闻报道词语求新,创新意识强,"行话""套话""历史典故"等丰富多样、变化多端。要想清晰易懂地把它们翻译出来,介绍给国外受众,常常需要使用解释性翻译的方法。解释性翻译能使报道更趋客观,清晰明了,有助于增强传播效果。

在汉语新闻报道的翻译中,常常对有关历史事件、地理名称、我国独有的机构、节日、习俗、"行话""套话"、历史典故等采用解释性方法。譬如"巴金""老舍"译作"Chinese writers Ba Jin and Lao She","北京""上海"分别译作"the capital city of Beijing"和"the largest industrial city of Shanghai","山东"译作"Shandong in east China",以便让外国读者了解以上这些地方的地理位置及特点。再如:

新年伊始,沙尘暴袭击了甘肃省和内蒙古自治区。大风裹着尘土进入北京。

译 文:On the first day of the new year, sandstorms hit northwestern China's Gansu Province and north China's Inner Mongolia Autonomous Region. Strong dust-laden winds also swept across Beijing.

译文中增加了两个表示方位的词语 northwestern China's 和 north China's,帮助读者了解沙尘暴的具体位置和走向,从而体现了新闻报道的准确性原则。

三、汉英篇章对比

从信息内容上看,无论汉语还是英语信息都很注重报道的新闻价值(news value)。新闻价值是事实本身所具有的足以构成新闻的特殊素质的总和,是选择和衡量新闻事实的客观标准。一篇报道所引发的"读者兴趣"(reader's interest)是新闻价值的重要体现。此外,汉英新闻报道都十分强调内容的准确性。撰稿者应以忠实地报道客观事实为宗旨,力求真实、简洁、生动,不可误导读者。

在文体色彩方面,汉英新闻文本存在着较大的差异。西方传媒将读者奉为上帝,十分注重新闻的社会效应。英语新闻具有很强的商业性,新闻撰写者总是不遗余力地调动各种语言手段以吸引读者的注意力。因此,在英语新闻中常常有许多标新立异、别具一格的词句,报道的语气和口吻也比较亲切随和。相比较而言,汉语新闻的商业化程度较低,作者在撰稿时较少考虑到稿件的商业价值和轰动效应,而是注重实事求是地向读者讲清事实、说明观点。因此,汉语新闻的语气一般比较客观冷静、实事求是。另外,英语新闻写作向来奉行"the simpler, the better"的原则,文风力求简洁晓畅,力戒冗余拖沓。由于受中国思维方式和审美习惯的影响,汉语新闻中往往有不少冗余信息,译者须结合实际情况对其进行灵活处理,对其加以简化、修改甚至删除。

汉英新闻报道在语句表达、句子衔接、论证手段和语篇发展模式层面存在异同。

（一）语句表达

从内容上来看，英语与汉语的意义重心是不同的。英语一般是前重心，把主要信息放在主句中或句子的开头；而汉语则与之相反，一般是后重心，把次要的部分放在句首。例如：

据法新社最新报道，伊朗一架客机15日在西部加兹温省坠毁，据说机上168人全部遇难。（搜狐新闻，09/7/15）

译文：A passenger aircraft crashed in northwestern Iran on Wednesday and up to 168 people on board were feared killed, ISNA news agency reported.（New York Times, 09/7/15）

（二）句子衔接

英语中词汇关联用得最多，包括同义词、近义词、反义词、上下义关系和语义场等。在替代方面，汉语和英语中通过名词和动词之间的转换来实现替代的表现最为活跃。同时，英语中的词语替代和短句替代均多于汉语。例如：

The Chinese authorities have detained or questioned at least seven Chinese steel industry executives in a broadening corruption investigation connected to the detentions last week of four employees of the mining giant Rio Tinto, state-controlled news media reported Monday.The investigation, which began with accusations that the four Rio Tinto workers had conspired to steal state secrets, has rapidly widened, according to accounts on government. Web sites and in Chinese news media.It now includes accusations of widespread bribery in business dealings, as well as allegations that the four workers paid for detailed government trade and manufacturing data to give Rio Tinto executives an edge in iron ore negotiations with Chinese state-controlled steelmakers.（New York Times, 09/7/13）

文中使用了多组关联词，如同义词"detained""questioned""accusations""allegations"；也用到了多个连接词，如"which""that""as well as"等，构成定语从句、

同位语从句等句法关系。

另外,汉语语篇多有名词省略的情况,而动词和短句省略却很罕见。英语中名词省略的情况较少。在关联层面,汉语篇章多通过自身内容的发展来体现句子之间的关联,连接词用得很少。而英语多通过关联词的使用来明确句子之间的关联度和发展关系。这是因为汉语可以不使用任何衔接手段,省略名词主语,构成一个不影响段落连贯的"话题链"。而英语是主语突出性语言,即使整个段落谈论同一主题,也必须保证外显的联系,不能省略句子主语。

语义衔接上的这些差别跟汉语和英语各自的词法、句法特点有比较密切的关系。英语是以形合为主的语言,语法关系较为严谨,讲究句子结构完整,经常充当句子主语的名词很难被省略。这是由于英语篇章需要用语言手段给每个事件定义和定位,使各个事件的相互关系明确、层次分明。而汉语则是重语境、意合性的语言,汉语文章"有时并不需要用一定的语法手段或其他语言手段来表现,而是靠层次内容之间的自然衔接"。换句话说,汉语段落间的连贯更多是依靠语义和事件的内在联系和逻辑来实现的。

(三)论证手段

在新闻报道中,数据和引用是最常见的,但汉语新闻较多引用官员和相关负责人,有时还会引经据典;而英语新闻则较多引用专家和普通人。而且,英语中的数据使用频率也明显高于汉语新闻。这可能是因为西方机构和民间组织的调查统计数据涉及的范围更广,公开度更大。汉语新闻报道更偏向于权威性;而英语新闻报道更多用事实和数据来说话,更符合新闻报道真实性和科学性的特点。例如:

然而,参加今年军演的美军数量从2016年的2.5万人降至1.75万人,美国国防部长詹姆斯·马蒂斯(James Mattis)否认此举可被解读为迎合平壤。

译 文:However, the number of US troops involved in this year's war games has been cut to 17 500 from 25 000 in 2016, amove that James Mattis, US defence secretary, denied could be interpreted as pandering to Pyongyang.

这段文字使用了具体的数据,也引用了美国国防部长詹姆斯·马蒂斯的观点,使本则新闻报道更具真实性、权威性和科学性。

(四)语篇发展模式

新闻报道的语篇发展模式实际上就是新闻诸要素的展开形式。东方语言的语篇发展模式是不断扩展的螺旋形,弧线围绕着主题,却不直接触及主题,而是从各个角度间接地表述和论说,往往到最后才点明主题。英语语篇则呈直线形式发展,多以主题句开始,主题句提出本段的中心内容,后接辅助句逐步展开,说明主题句的具体内容,其间不附加其他与主题没有直接关系的内容。这种方式有助于读者快速领会新闻重点,比较迎合受众的接受心理。其基本格式是:先在导语中描写一个新闻事件中最有新闻价值的部分,然后在报道主体中按照事件各个要素的重要程度,依次递减进行描述。通常一个段落只描述一个事件要素。

很多汉语新闻报道也是采用这种倒金字塔形,但也有同样比例的正金字塔形发展模式。这种方式刚好与倒金字塔形相反,是以时间顺序作为行文结构的发展模式,依序分别是引言、过程、结果,采用渐入高潮的方式,将新闻重点摆在文末,一般多用于特写。

汉语新闻报道以往一般是遵循时间顺序,但是这种"讲故事"的写法已经不适合受众的阅读习惯,所以折中形在吸收中外新闻报道之长的情况下诞生了。其基本格式是:先把事件中最重要的部分在导语中简明地体现出来,然后进一步具体阐述导语中的这个重要部分,形成支持,不至于使受众在接受时形成心理落差。因而,这一部分实际上是一个过渡性段落。最后按照事件发展的时间顺序把"故事"陈述完。

此外,还有在汉英翻译中出现频率最少的平铺直叙型。这种发展方式就是注重行文的起、承、转、合,力求文字的流畅和精准。

最近还有一种"华尔街日报体"的模式。其主要特点就是在文首特写新闻事件中的一个"镜头",一般是一个人的言行或一个特定事件,从而引出整个新闻报道,如以下有关能源短缺报道的开头段:

From the outside, there is nothing unusual about the stylish new gray and orange row houses in the Kranichstein District, with wreaths on the doors and Christmas lights twinkling through a freezing drizzle.But these houses are part of a revolution in building design : There are no drafts, no cold tile floors, no snuggling under blankets until the furnace kicks in.There is, in fact, no furnace.(New York Times, 09/7/13)

汉语的语篇发展模式在整体上的确异于英语,没那么直接,迂回处明显要多些。这种情况跟汉语的句式组织结构特点有一定关系。汉语的复句就常采用迂回的编码方式,即暂时偏离基本意图,待原因、时间、方式、条件、让步等提供之后,再转到基本意图上。在句式结构上,汉英两种语言的差异主要可归纳为:英语使用者倾向于形式分析,抽象思维,从小到大、从未知到已知,突出主观作用,以主体为中心,主客体界限分明;汉语使用者倾向于整体思维,情感思维,从大到小、从已知到未知、从实际出发,注重主客体融合。

四、译文欣赏

一项调查指出,北京超过14%的流动人口已经在这座城市购房。调查中的流动人口覆盖了一直居住在北京但没有北京户口的人群。根据北京市社会科学院及社会科学文献出版社发布的《北京蓝皮书:北京社会发展报告(2016—2017)》,北京流动人口拥有的房产总数估计超过120万套。这一结果是基于一项样本约为8 000人、分散在13个区的流动人口的调查,这13个区中不包括延庆、密云以及平谷。报告发现,购买住房的流动人口年龄为30~44岁,拥有本科以上学历。他们通常是某一行业的专业技术人才,月收入4 000元以上,多为已婚人士。该报告称,在外企、国企和事业单位就职的流动人口购房的比例较高。

[译文]

More than 14% of the floating population in Beijing has purchased houses in the city, according to a survey. The floating population in the survey covers people without Beijing hukou, or permanent household registration, though they permanently live in Beijing. The total number of flats owned by migrants in Beijing is estimated to exceed 1.2 million, according to Beijing Bluebook: Report on Beijing's Social Development(2016—2017), released by the Beijing Academy of Social Sciences and Social Sciences Academic Press. The findings are based upon a survey sample of some 8 000 migrants scattered in Beijing's 13 districts, which do not include Yanqing, Miyun and Pinggu districts. The report finds that these flat owners are 30 to 44 years old and hold at least a college degree. They usually have expertise in a certain industry and their monthly income is over 4 000 yuan. Most are married. A higher percentage of flat owners are seen among those employed with foreign companies and State-owned enterprises and institutions, according to the report.

自2012年中国共产党第十八次全国代表大会以来,得益于中央政府改善教育事业的努力,我国教育事业总体发展水平已经超越世界上许多国家。其中,九年义务教育净入学率达到99.9%,高于高收入国家。而学前教育毛入学率达77.4%,高于中高收入国家69.2%的平均水平。高中阶段教育和高等教育毛入学率则分别达到87%和42.7%,均高于中高收入国家平均水平。为了保证没有学生因贫困辍学,我国教育支出占国内生产总值(GDP)的比例连续五年在4%以上。今年年初,我国发布教育事业发展"十三五"规划,重申教育支出占GDP的比例将不低于4%。

[译文]

Since the 18th National Congress of the Communist Party of China in 2012, China's overall education development has outpaced many countries around the world, thanks to the central government's efforts to improve the sector. The retention ratio of nine-year compulsory education reached 99.9%, higher than the upper-income countries.The gross enrollment ratio for China's preschool education came to 77.4%, higher than the average of upper-middle-income countries of 69.2%. The gross enrollment ratio for senior secondary education and higher education reached 87%and 42.7%, respectively, both of which are higher than the average of upper-middle income countries.To make sure that no student drops out of school due to poverty, China has spent over 4%of GDP on education for five straight years. At the beginning of 2017, the country released the 13th Five-Year Plan on Education, reiterating that spending on education will account for no less than 4% of the country's GDP.

第二节　旅游文本的翻译

一、人名、地名的翻译

（一）人名的翻译

（1）国际标准

中国有一套中文姓名英译的国际标准——以汉语拼音作为英译规则。中文姓名翻译成英文时，按照汉语拼音来写，姓氏和名的首字母要大写，名字拼音要写在一起。如"李雷"和"韩梅梅"翻译为英文分别是"Li Lei"和"Han Meimei"。

(2)名人的固定英文译名

一些中国科学家、学者等知名人士,则使用其固定的英文译名,如"孙中山"和"蒋介石"英译名称分别是"Sun Yat-sen"和"Chiang Kai-shek"。

(3)广东与香港人名译法规则

由于广东和香港地区较早与海外进行商务交流,因此广东和香港地区的人名英译是采用粤语发音来进行音译,如"董建华"英译为"Tung Chee-hwa"。

(4)起英文名+姓

很多演艺圈、经济圈、文化圈等的名人,会给自己起一个英文名,再加上自己的姓氏音译,如 Jackie Chan(成龙)。

(二)地名的翻译

地名的英译较为复杂。用汉语拼音字母拼写中国地名,不仅是中国的统一标准,而且是国际标准,全世界都要遵照使用。

1. 专名是单音节的英译法

专名是单音节,通名也是单音节,这时通名应视作专名的组成部分,先音译并与专名连写,后重复意译,分写。例如:

恒山 Hengshan Mountain(山西)

淮河 the Huaihe River(河南、安徽、江苏)

渤海 the Bohai Sea(辽宁、山东)

2. 通名专名化的英译法

通名专名化主要指单音节的通名,如山、河、江、湖、海、港、峡、关、岛等,按专名处理,与专名连写,构成专名整体。例如:

都江堰市 Dujiangyan City

绥芬河市 Suifenhe City

白水江自然保护区 Baishuijiang Nature Reserve

3. 通名是同一个汉字的多种英译法

通名是单音节的同一个汉字，根据意义有多种不同英译法，在大多数情况下，这些英译词不能互相代换。例如：

（1）mount：峨眉山 Mount Emei（四川峨眉）

（2）mountain：五台山 Wutai Mountain（山西）

（3）hill：象鼻山 the Elephant Hill（广西桂林）

（4）port：牛尾海 Port Shelter（香港）

（5）forest：蜀南竹海 the Bamboo Forest in Southern Sichuan（四川长岭）

在某些情况下，根据通名意义，不同的汉字可英译为同一个单词。"江、河、川、水、溪"英译为 river。例如：

嘉陵江 the Jialing River（四川）

永定河 the Yongding River（河北、北京、天津）

古田溪 the Gutian River（福建）

4. 专名是同一个汉字的不同英译法

专名中同一个汉字有不同的读音和拼写，地名中这样的汉字有七八十个之多，每个字在地名中的读音和拼写是固定的，英译者不能一见汉字就按语言词典的读音和拼写翻译，而只能按中国地名词典的读音和拼写进行翻译。例如：

陕西省 Shaanxi Province

陕县 Shanxian County（河南）

洞庭湖 the Dongting Lake（湖南）

洪洞县 Hongtong County（山西）

六合县 Luhe County（江苏）

六盘水市 Liupanshui City（贵州）

5. 以人名命名的地名英译法

以人名命名的地名英译，人名的姓和名连写，人名必须前置，通名后置，不加定冠词。这种译法多用于自然地理实全地名，但有例外。例如：

张广才岭 Zhangguangcai Mountain（吉林、黑龙江）

郑和群礁 Zhenghe Reefs（海南南沙群岛）

如果以人名命名的非自然地理实体地名，姓和名分写，人名前置或后置按习惯用法，大致有以下三种译法：

（1）人名 + 通名

黄继光纪念馆 Huang Jiguang Memorial（四川中江县）

（2）人名 s+ 通名

中山陵墓 Sun Yat-sen's Mausoleum（江苏南京市）

（3）the+ 通名 +of 人名

昭君墓 the Tomb of Wang Zhaojun（内蒙古呼和浩特市）

6. 地名中的符号不能省略

地名中的符号如果省略就会造成读音甚至语义错误。地名中有两种符号不能省略。

（1）a, o, e 开头的音节连接在其他音节后面的时候，如果音节的界限会混淆，用隔音符号，地名中的隔音符号不能省略。例如：

（陕西）西安市 Xi'an City（如果省略隔音符号，就成为 Xian，可以读成仙、先、现、限、鲜、险、县等）

（广西）兴安县 Xing'an County（如果省略隔音符号，就成为 Xingan County 新干县，在江西吉安地区）

（2）汉语拼音 ü 行的韵母跟声母 n、l 拼的时候，ü 上面的两点不能省略。如果省略，就会造成误解。例如：

（山西）闾河 the Lühe River（如果省略 ü 上面的两点，就变成 the Luhe River 芦河、在江西）

（台湾）绿岛 Lüdao Island（如果省略 ü 上面的两点，就变成 Ludao Island 鹭岛，

在黑龙江海林）

但是也有例外。例如：

绿春县 Luchun County（云南红河）

绿曲县 Luqu County（甘肃甘南）

二、景点介绍的翻译

随着国家开放程度的日益扩大，中国的旅游业得到了极大的发展，入境旅游人数急剧增多，相应的对服务行业的要求也增加了，旅游英语成为热门。中文旅游景点介绍具有语言华丽、引经据典、富于文采、古香古色等特点，关于旅游景点介绍的英译日益重要。

（一）中文旅游景点介绍的翻译

精良的旅游英语翻译能够迎合旅游者的文化品位，也能突出中国旅游业的特色与吸引力。在英译旅游景点介绍资料时，需要注意以下问题：

1. 不同语言习俗对旅游资料翻译的影响

对比中英旅游景点介绍文字材料可以发现：汉语多写实得意，英语常写意传情。

例如："三潭印月、湖心亭、阮公墩三个小岛鼎立湖中。"

译者将它译为：The three islands named "Three Pools Mirroring the Moon", "the Midlake Pavilion" and "the Ruangong Mound" stand in the Lake, adding much charm to the scene.

中文资料中"鼎立"一词看似写实，实则写意，因为三个小岛的位置不一定像青铜器里的鼎一样，只是从中国人的审美眼光来看，"三足鼎立"是一种美感，而译文并没有刻板地直译，而是用分词短语 addingmuch charm to the scene 传达了原文隐含的信息，从而达到写意传情的目的。

2. 不同语言特点在翻译中的处理与应用

汉英是两种不同的语言，二者既有共性又有区别，因此在翻译时要充分注意两种语言的特点。

（1）深刻理解语言材料。

例如下面介绍杭州天气的句子："杭州的春天，浓妆艳抹，无不相宜；夏日荷香阵阵，沁人心脾……"译文："Sunny or rainy, Hangzhou looks its best in spring. In summer, lotus flowers bloom." 其中"浓妆艳抹"译成"Sunny or rainy"，显然出自苏轼的诗："水光潋滟晴方好，山色空蒙雨亦奇。欲把西湖比西子，淡妆浓抹总相宜。"这就是所谓的"互文意义"。如果不熟悉这首诗，自然不能领会"淡妆浓抹"的意味，在翻译时免不了会闹笑话。

（2）注重译文的"可接受性"。

有时候译文准确无误，但是外国游客由于不了解相关文化背景，所以造成理解障碍，导致译文可接受性不强。

例如，在介绍绍兴的文字中有这么一句话："绍兴是越瓷的产地"，按照字面理解，译成"Shaoxing is the home of Yue porcelain"即可，但是外国人不懂什么是越瓷，读了这句话无法产生预期的共鸣。因此，有必要添加解释性句子，译成"Shaoxing is the home of Yue porcelain. Yue is a state name used to refer to the Shaoxing region in ancient China." 这样一来，外国游客对中国历史多了几分了解，自然理解上容易了些。

又如："刘备章武三年病死于白帝城永安宫，五月运回成都，八月葬于惠陵"。"章武三年"到底是公元多少年，对于中国人都不太熟悉，何况对中国文化不了解的外国游客。因此，译者将它译为："Liu Bei died of illness in 223 at present day Fengjie county, Sichuan Province, and was buried here in the same year." 直接换算成公元纪年，扫除交流障碍，方便外国游客，增强了译文的可接受性。

（3）注意文化差异

语言是文化的外化，语言的差异很大程度上是由文化的差异引起的。因此，在旅游景点介绍资料的翻译中，要充分考虑跨文化的交际规则，避免不必要的文化冲突。例如，中国人重直觉与具象而西方人重理性与逻辑，这种文化的差异在语言上表现为汉语的形象性和英语的功能性。

汉语介绍景点时，常用"天下第一"的字眼，往往并不是真的说该处风景是天下第一，而是一种夸张的表达，言其超凡脱俗、引人入胜。这种说法如果译成英语，就要注意不能译成 No.1，因为外国读者由于重理性与逻辑，往往会较真。如位于缙云县的鼎湖峰号称"天下第一峰"，就不能译成"No.1 peak in the world"，否则很可能遭到外国游客的质疑。

（二）中文旅游景点介绍的翻译技巧

1. 增添法

由于中外文化差异很大，各自历史发展进程不一，外国游客往往对中国老百姓人人皆知的情况不一定很了解，旅游翻译资料有必要做一些解释，提供一些人文历史、风土人情等方面的背景知识，帮助读者理解其意，唤起读者的兴趣。

例如，在介绍桂林风土人情的文章中，把"三月三节"翻译成"San Yue San Festival"还不够，因为外国游客对此一无所知，不能唤起他们的兴趣和共鸣，所以应加上适当的解释，比如译成：

The festival usually takes place on the third day of the lunar third month, when minority people, especially the young get together for folk song contests to make friends with each other.

外国人对景点名称不一定感兴趣，但想了解取名的由来。所以有些译名适当加上一些解释，可以引起游客的注意和兴趣。

例如，"骆驼山""Luo Tuo Hill"可做些解释："It shapes like a camel, hence the Camel Hill." "象鼻山"译为"Xiangbi Hill or the Elephant Hill(The hill bears resemblance to an elephant dipping its trunk into the river. Hence the name."

2. 删节法

在介绍资料的翻译中，要考虑到外国游客的口味。中文景点介绍往往在介绍景点之后会有感而发地引用古诗词，使文章富于文采和历史感，能引起中国人的游兴，但是对缺乏中国传统知识的外国人而言，这种引用并不能唤起共鸣，所以有时候可以将之删去不翻译。

例如："这些山峰，连同山上绿竹翠柳，岸边的村民农舍，时而化入水中，时而化入天际，真是'果然佳胜在兴平'。"这段描写漓江的文字，先是写景，最后引用古诗感叹，算是一种总结，但译者并没有将它译出："These hills and the green bamboo and willows and farm houses merge with their reflections in the river and lead visitors to a dreamy world." 对于景物的描写自然能传出一种美感，勾起游客的游兴，如果译成"Really Xingping has sceneries"可能读者的反应不大，不如不译。

3. 改写法

汉语描写景色的词汇丰富，多用对偶、排比，翻译起来很困难，多采用意译。勉强逐字逐句照译，可能反而曲解原意。

例如："境内西湖如明镜，千峰凝翠，洞壑幽深，风光绮旎。"译文："Hangzhou's West Lake is like a mirror, embellished all around with green hills and deep caves of enchanting beauty." 原文用了"千峰凝翠""洞壑幽深""风光绮旎"等成语，翻译时切忌死译，应根据英语习惯，译出其意义。

景点介绍的英译应考虑外国客人的特点和中外文化差异，在达意的基础上，务求语言的华丽，唤起外国读者的兴趣，并使他们了解基本的中国文化。

三、历史典故的翻译

历史典故折射着民族的发展历史，凝结着民族的聪明智慧。无论是英文典故，还是汉语典故，多源于生动形象的寓言故事，其中寓意发人深省。通过译者的翻译，一个民族的文化瑰宝在另一个民族文化中能否依旧焕发异彩，这是翻译需要解决的问题。

（一）英汉历史典故对比

中国历史久远，汉语言文化更是源远流长、博大精深，而英语在近800年才得到较快的发展。从古代英语发展到近代英语，英语大量吸收借用其他语言，词汇量得到了极大丰富。英语中，较古老的典故多源于希腊、罗马神话或《圣经》，而正统的典故多成典较晚。莎士比亚时代相当于我国明末，而蒲柏与狄更斯时代相当于我国晚清。因此，英语典故带有时代特征。

英语典故在喻体选取比较方面多有相似之处。英汉典故中皆有以人设喻，如英语中的Sherlock和汉语中的"姜太公钓鱼"；以事物设喻，如英语中的"kick the bucket"和汉语中的"三顾茅庐"；以地名设喻，如英语中的"carry coals to Newcastle"和汉语中的"东山再起"。有些英汉典故不仅喻体形式相同，喻体形象相同，其寓意也完全一样。例如"walls have ears"与"隔墙有耳"。但这类形义相同的英汉典故在翻译中为数不多。

由于历史环境、地理风俗的不同，大多数英汉典故只是部分对应或者根本不对应。例如，英语的"meet one's water-loo"与汉语的"败走麦城"，两者虽然寓意相同，但在喻体选取、设喻形式和使用上均存在差异。

英汉语言文化带有独具风格的民族色彩，这在英汉成语及习语上表现尤为明显。如英语中的"paint the lily"与汉语中的"画蛇添足"。从《圣经》的天使报喜图中可以看出，西方人心目中百合花本来是"清白"与"贞洁"的象征，洁净素雅，高贵美丽。为百合花饰粉抹彩，破坏原有的雅致，自然是多此一举，徒劳无功。而汉文化中的蛇本来没有脚，画蛇添足反而使蛇不能称为蛇。两个典故虽然渊源各异，但在表达"多此一举"的意义上却有异曲同工之妙，但同时各具民族特色。

（二）英汉历史典故的翻译策略

历史典故的翻译虽然没有一成不变的固定模式，但也应遵循一定的原则。

（1）直译或直译加解释

有些汉语典故涉及的概念英语本来就有，直译后不仅使原意顺利传达而且原文喻体形象也得到保留。而有些喻体形象在英语里原本没有，也可采取直译。这样保留了原文的意义和形象，同时，大量的外来词汇融入汉语，丰富了汉语文化，促进了两种文化的交融和共同进步。

例如："冷战""cold war"；"武装到牙齿""armed to the teeth"；"鳄鱼的眼泪""crocodile tears"，直译不仅可以被读者接受，而且能更好地再现原文。

一些典故如果采取直译，读者不能完全理解，如果采取意译，又丧失了原有的风格和形象。这时可以采取直译加解释的办法，这样能够保持原有的意义、形象和语言风格，使读者容易理解其潜在含义。例如："有乐必有苦"可以翻译为"There is no rose without a thorn."

（2）意译或意译加改造

不同民族的语言在形象和意义的结合方式上往往存在差异。一些典故中的形象在英语中虽然可以复制，但这种形象复制之后却丧失了原有的意义。这时，形象只能让位或牺牲，意译就变得理所当然。例如："生于富贵之家""born with a silver spoon in one's mouth"。

如果英汉典故大致相等，差别仅在于形象或风格，翻译时，只需略加改造即可，同时又接近原文典故的结构和习惯，这就是意译加改造的方法。例如："一花不是春"或"独木不成林"，英语虽然找不到与此完全对应的谚语，但"one swallow does not make a summer""一燕不成夏"却和原文基本相同。又如"无风不起浪"，译为"no smoke without fire"也能为读者所接受。

（3）等值典故互相借用

有些英汉典故在对方语言中可以找到与之对等的典故或俗语、成语，两者在意义、想象或风格上均有相似或相近之处，翻译时就可以采取等值互相借用法。例如"隔墙有耳"译为"Walls have ears"没有走意，形象和风格也得以保留。有很多成语典故可以用这种方法套用。

例如，"山中无老虎，猴子称霸王"等同于"Among the blind the one-eyed man is king"、"英雄所见略同"等同于"Greatminds think alike"、"有志者事竟成"等同于"Where there is will, there is a way"。

典故的互相借用是有条件的，不能在任何情况下都使用。一组对应的汉语和英语即使意思相近或形式相似，二者的确切含义和感情色彩也多有细微甚至很大的差别，所以不能随便借用，要结合具体的语言环境和意义综合考虑。

（三）对译者提出的要求

由于典故翻译的特殊困难，翻译时应根据具体情况及上下文的不同含义做具体处理。对典故的翻译一定要灵活处理，不能机械地生搬硬套，望文生义，要全面充分考虑到背后的民族文化。

语言是民族文化的载体，习语又称语言的精华。从对英汉典故的对比和翻译中可以看出，习语是民族文化的镜子。因此，要准确生动地互译英汉典故，翻译者要明确辨认英汉典故的相似性和差异性，不断提高自身语言能力和文化鉴赏能力，掌握从整体上、深层次上理解驾驭英汉语言的能力，进而达到跨语言跨文化交际的目的。

四、译文欣赏

颐和园，荟萃了中国古代园林，位于北京西郊。作为临时皇宫，颐和园建于1153年，并于1888年重建。颐和园内有万寿山和昆明湖。园内长廊上绘有精美的画作，为世界上最长的走廊，1992年被列入《吉尼斯世界纪录大全》。这条走廊连接慈禧太后处理国家事务的居住区和游览区。

[译文]

The Summer Palace, featuring the best of China's ancient gardens, is located in the western suburb of Beijing.The palace was built in 1153 as a temporary imperial palace.It was rebuilt in 1888.The Summer Palace consists of the Longevity Hill and the Kunming Lake.The Long Corridor, painted with exquisite paintings, was included in the Guinness Book of World Records in 1992 as the longest corridor in the world.The corridor links the area where Empress Dowager Cixi handled state affairs with the residential and sightseeing areas.

丽江古城位于云南省丽江市，是一座以纳西族为主的古镇，始建于1127年。古城的道路以丽江产的彩色鹅卵石铺就，城内有许多明清时代建造的石桥及牌坊。大部分住宅均由泥土、木头建造而成。古城内描绘宗教题材的宫廷壁画始于明代。丽江一直保持着纳西族的东巴文化传统。

[译文]

Lijiang ancient city, located in Lijiang, Yunnan Province, is an ancient town inhabited mainly by the Naxi minority people.The town was founded in 1127. The roads in the town are paved with colored pebbles produced in Lijiang, and there are many stone bridges and memorial archways built during the Ming and Qing Dynasties. Most of the residences are made of earth and wood.Palace murals depicting religious themes were painted during the Ming Dynasty. The traditional Dongba Culture of the Naxi ethnic group has been preserved in Lijiang.

秦始皇帝陵位于陕西省省会西安市以东35公里的临潼区。陵墓的建造，历时38年，涉及70多万名工人。多年来，共出土了5万余件重要文物。1980年两辆青铜马车出土，是迄今为止发现的最大最完整的铜车马。1974年，当地农民在秦始皇陵东约1.5公里处打井时发现秦始皇的地下兵马俑坑。三个墓穴中最大的有6 000个真人大小的兵马俑。秦俑被誉为"世界第八大奇迹"。

[译文]

Qinshihuang's Mausoleum is located in Lintong District, 35 kilometers east of Xi'an, capital of Shaanxi Province. Construction of the mausoleum lasted 38 years and involved over 700 000 workers. Over the years, a total of 50 000 important cultural relics have been unearthed.In 1980, two bronze painted horse-drawn chariots were unearthed. They are the largest and most complete bronze chariots and horses discovered so far. In 1974, farmers who were digging a well about 1.5 kilometers east of Qinshihuang's Mausoleum discovered three vaults containing Qinshihuang's Buried Legion. The largest of the three vaults contains 6 000 life-size terracotta warriors and horses. The collection of warriors is often dubbed the "eighth wonder of the world".

第三节 科技文本的翻译

一、论文摘要的翻译

摘要又称概要、文摘或内容提要，是科技论文中十分重要的组成部分。它通常放在题目和作者之后，文章正文之前，是以提供文献内容梗概为目的，不加评论和补充解释，简明、确切地记述文献重要内容的短文。摘要是科技论文的浓缩，可以使读者在尽可能短的时间内了解文章的研究内容，并决定是否有必要进一步阅读全文。国家标准GB7713—87中规定："报告、论文一般均应有摘要，为了国际交流，还应有外文（英文）摘要。"可见，科技论文英文摘要直接关系到科研成果在世界范围传播和交流；同时国际上一些重要检索机构，如美国工程索引（EI）对非英文论文通过阅读英文摘要来判定是否收录。因此，高质量的摘要英译对增加中文科技期刊和论文的被检索和摘引率、吸引读者和扩大学术影响意义重大。

一般而言,摘要的基本构成要素包括研究目的、方法、结果和结论。从语言运用看,摘要慎用长句,句型力求简单;无空泛、笼统、含混之词;不主张用"本文""作者"等主观性表述,代之以较为客观的第三人称。此外,摘要字数也有限制。学界有关科技论文摘要的翻译原则趋于一致。如魏羽、高宝萍提出了摘要翻译的四大要求:(1)结构严谨,表达明确,语义确切;(2)用第三人称;(3)要使用规范化的名词术语;(4)缩略语、略称、代号在首次出现时必须加以说明。例如:

摘要:二语习得有其自身的规律,对二语习得过程的充分了解有助于外语教学。将二语习得理论运用到英语口语课堂教学中,能更好地发展学生的语言交际能力,有助于培养出新时代所需的英语人才。

译文:As second language acquisition has its own principles, foreign language teaching can benefit from a sound understanding of its processes. When SLA research is applied to spoken English teaching, students will develop better communicative competence to meet the needs of the new age.

——摘自《外语与外语教学》,2006年第6期

摘要:向心结构和离心结构是结构主义的重要概念,在中国语言学界的影响极为深远。但是,这一组概念在句法上并不形成真正的对立,用来解释汉语"的"字结构及相关现象也不成功,所以不值得保留,可以用较为简单的短语结构式来代替。

译 文:Endocentric construction and exocentric construction are two fundamental concepts of structuralism and have been influential among Chinese linguists. However, these two constructions do not contrast with each other in syntax. They are not very useful in explaining syntactic phenomena like the Chinese DE construction. They could be subsumed under a unified structural representation.

——摘自《外语教学与研究(外国语文双月刊)》,2007年第4期

以上两则摘要均采用了直译的翻译方法,译文流畅易懂。翻译时,其英文摘要均从内容、信息呈现的先后顺序等各个方面照应汉语摘要。一般而言,学术论文的英语摘要大都采取直译法。然而,直译并不是机械地一句对一句、一词对一词的完全死译。例如:

摘要:(1)大数据成就了互联网,互联网促使了学习方式的变化和发展。(2)因此,面对信息化学习方式的变革,外语教学范式必须得到重新构建,而范式的重构必须考虑教学对象、教学环境以及教学的生态平衡等因素,以促进学生智慧学习和深度学习能力的发展。

译文:(1)Big Data technology facilitates the birth of Internet, which triggers the growth of IT-based learning modes.(2)In face of the changes of learning modes, we need to reconstruct the norms of foreign language teaching.(3)To do it, we should take these factors such as students' identity, teaching environments and the balance of teaching ecology into consideration, thus promoting students' ability of smart learning and deep learning.

——摘自《外语电化教学》,2017年第4期

原汉语摘要有两个句子,而英语摘要却有三个句子,似乎不太对应。但稍加分析便可发现,该英文摘要的第2、3句实际上与原汉语句子中第2句完全对等,只是英语版本为了行文方便,将其分为两句表述。

除此以外,还可采取意译,即翻译时,无须完全照搬汉语摘要,可只将其大意表达出来,进行适当改动。例如:

摘要:(1)近年来,读后续写引起了外语教学领域的关注,但探讨主要集中在理论层面,对于其促学效果的实证考察还相对匮乏。(2)因此本研究通过一项实验,全面呈现了读后续写对中国学生英语写作语言准确性、复杂性和流利性发展的影响。(3)实验结果显示,读后续写可以有效提升学习者的语言产出

表现,特别是在准确性和复杂性方面,效果尤为明显。(4)研究指出,读后续写是内容创造与语言模仿的有机融合,即可凸显语言输入、激发学习者注意形式,又能优化语言输出、加快新知识的吸收,是提高外语教学效率的可靠途径。

译文:(1)Recent years has seen much interest amongst foreign language teaching researchers in the role played by the continuation task in foreign language learning. (2)In spite of the theoretical importance of this learning task, however, empirical evidence remains sparse.(3)This study examined the effect of the continuation task on second language learners' written accuracy, complexity, and fluency by comparing the performance of two groups of second language learners: one group wrote following text reading in six continuation tasks, and the other group wrote on six given topics without text reading. (4)The comparison revealed that the continuation task generated more gains on accuracy and complexity than the topic writing task.(5)However, there was no significant difference between the two groups on the development of fluency.(6) The implications of these findings from the perspective of cognitive psychology are discussed.

——摘自《现代外语(双月刊)》,2015年第3期

该中文摘要共有4句,然而英文摘要却有6句。仔细对比后会发现,此英文摘要并没有严格按照中文摘要的内容进行翻译,而是进行了适当的增译和删减。例如,中文摘要中第二句提到"本研究通过一项实验",而英文摘要第三句却对其具体内容进行了补充"by comparing the performance of two groups of second language learners: one group wrote following text reading in six continuation tasks, and the other group wrote on six given topics without text reading"。中文摘要第三句仅仅提到"实验结果显示,读后续写可以有效提升学习者的语言产出表现,特别是在准确性和复杂性方面,效果尤为明显"。英文摘要第四句"the comparison revealed that the continuation task generated more gains on accuracy and complexity than the topic writing task"对其进行了对应翻译,还补充了第五句"However, there was no significant difference between the two groups on the development of fluency",对研究结果进行了更加详细的补充。然而,原中文摘要第四句的内容却在英文摘要中进行了删减翻译。

一般来说,论文摘要的翻译可以分为三步走:首先,通过上下文的关系,弄清原文的词汇含义、语法及逻辑关系,正确理解论文摘要的内容;其次,通过筛选词汇和合理排列,组织句子各部分,恰当表达论文摘要原文的意思;最后,通过与原文对照检查,仔细核校,推敲译文语言并润色文字。除了遵循以上要点之外,还需注意和掌握一些细节问题及技巧。

1. 多用被动语态。被动语态能较好地表现客观性,主语部分可集中较多的信息,起到信息前置、鲜明突出的作用。因此,在介绍研究对象、研究所用的设备、手段时都常常使用被动语态。例如,"本文介绍了一种新的……方法"译为"In this paper, a new method is described for...";"本文对……进行了分析"译为"In this paper, an analysis of…was carried out..."。主动语态可以较好地突出作者的努力,所以在介绍目的和结论时多用主动语态。例如,"研究得出结论……"译为"It concludes that...";"研究结果表明……"译为"The result shows that...";"研究发现……"译为"It finds that..."等。

2. 正确选用时态。一般而言,论文的英文摘要经常使用的时态有三种:一般过去时、一般现在时和现在完成时。其中,一般现在时使用最为广泛,常常用来介绍研究目的、内容、结果、结论等客观事实。例如:"本文旨在/试图……"译为"This paper aims at/attempts to...";"本论文提出/探讨……"译为"This paper presents/discusses...";"本文表明……"译为"This paper demonstrates/shows/indicates..."等。现在完成时一般用来说明论题的发展背景,通常表示已取得的成果、已完成的工作。一般过去时常常用来介绍已进行的研究、实验、调查等，用于说明某一具体项目的发展情况。例如：

摘要：本文采用定量的研究方法对近10年（2006—2016）中国学术期刊刊载的有关基于网络学习英语听力的研究进行分析与评述，旨在揭示现有基于网络学习听力研究的总体情况，发现：（1）近10年来国内基于网络学习听力研究大致可以分为两个阶段；（2）国内针对基于网络学习英语听力研究主要焦点聚集于教学模式与方法改革、学生听力能力培养、听力策略培训等方面；（3）实证性研究比重呈逐年增长态势。

译 文：Aiming to reveal the existing literature on web-based L2 listening this paper presents a quantitative analysis of relevant articles that have been published in CNKI from 2006 to 2016.The outcomes shoe that :（1）two stages of the development concerning the number of web-based English listening research articles can be identified ;（2）in terms of research content, more attention has been paid to the teaching of listening, cultivation of self-learning capacity and strategies training ;（3）the number of empirical studies has increased steadily.

——摘自《外国语文（双月刊）》，2017年第5期

二、科技报告的翻译

科技报告是关于科研项目或科研活动的正式报告或情况记录，是研究、设计单位或个人以书面形式向提供经费和资助的部门或组织汇报其研究设计或项目进展情况的报告。它是以积累、传播和交流为目的，由科技人员按照有关规定和格式撰写，真实而完整地反映科研人员所从事科技活动的内容和经验的特种文献。与图书和期刊文献相比较，它的篇幅可长可短，但其内容新颖广泛、专业性强、技术数据具体，因而是科研人员、工程技术人员的优先参考资料，它对于交流各种科研思路、推动发明创造、评估技术差距、改进技术方案、增加决策依据、避免科研工作中的重复与浪费，促进科研成果转化为生产力起到

了积极的作用。广义上讲，我国目前正式公开发行的科技报告有国研报告、商业报告、中国国防科技报告。一般而言，报告的专业性较强，包含大量专业术语，此外，报告形式多样，结构复杂。因此，翻译科技报告时，要把握好报告的结构特点，理清长句逻辑，掌握专业术语含义，对报告进行准确翻译。例如：

本年度主要在格密码数学问题研究、格密码体制安全性分析和对称密码算法分析模型建立方面进行研究。

译　文：We focus on the mathematics problems of lattice cryptography, cryptanalysis of lattice cryptosystems, and the cryptanalysis of symmetric ciphers according to the project proposal.

本年度投入了大量的人力和物力开展文献资料总结和野外调查工作，初步将西部山区大型滑坡地质结构类型划分为"弱面"控制型，"关键块体"型，"软弱基座"型和"采空区"控制型四大类。

译　文：Large amount of man power and resources were used to carry out literature review and site investigation, this year. The characteristics of large scale landslides in west China were preliminarily divided to four groups, which are weak interface controlled, key block controlled, weak foundation controlled and goaf controlled landslides, respectively.

痴呆与轻度认知障碍是我国卫生领域重大疾病，给社会和家庭带来了沉重负担。本项目在国家和省部级40余项基金资助下，对痴呆与轻度认知障碍的流行病学、发病机制和临床诊治进行了系统的研究，取得了显著成果，具体如下：

译　文：Dementia and mild cognitive impairment are the most common neurodegenerative disease and the leading cause of dementia in the elderly. Sponsored by over 40 national and provincial funds, our project aims to study systematically the epidemiology, pathogenesis, diagnosis and treatment of dementia and mild cognitive impairment. We've got tremendous achievements through all these years'hard work, which were listed as follows.

从以上三则科技报告示例可以发现，不同的学科领域，均有自己的一套专业术语。可谓是"行话"琳琅、"术语"满目。因此，在翻译过程中，为了使读者更好地了解报告内容，译者应该注意涉猎多领域的专业词汇，尽量保持文本与专业术语翻译的一致性。此外，还要注意调整句式，使得译文更符合译入语的语言特点。例如：

概念是人类意识、思维、语言、智慧等其他高级认知过程的基础，是认知系统的核心成分。我们旨在基于多年对语言概念的研究经验，结合概念认知研究的前沿理念和现代脑网络特性的最新分析方法，系统建构人类概念认知的脑网络系统，拟解决以下三个关键问题。

译　文：Concepts are the basic elements of human thought, subserving a wide range of cognitive functions, such as language, object recognition and use, and is at the heart of cognitive neuroscience research.On the basis of past experience with language, concepts, and brain network analyses, we aimed at constructing the brain network basis of human conceptual system, specifically targetting three issues.

本研究旨在梳理古今文献中脾脏象理论，阐明"脾主运化、统血"等脾脏象理论的基本概念、基本原理、基本规律，为整个研究提供理论支撑。按照任务书的计划，2013年度完成了规定任务，包括古代医籍的收集整理，近10年现代脾脏象理论相关文献的收录整理，初步研究脾脏象理论的内涵及框架结构，研究脾脏象理论数据库的结构，研究项目的信息管理平台的结构等任务。

译　文：The research is to study the visceral theory of spleen in ancient and modern literature, to expound the basic concepts, basic principles and basic rules of the visceral theory of spleen in transformation and transportation and controlling blood, so as to provide theoretical support for the entire research work.The work on the visceral theory of spleen in the research specification for the year of 2013 has been completed, including the collection of ancient medical books and the relatedmodem literatures for the late 10 years, preliminary study on the connotation and frame structure, and the studies on the structure of the database and the structure of the information management platform for the entire research works, etc.

在课题实施过程中,培育水产新品种10个,其中已通过国家水产原种和良种审定委员会审定的5个,待审定的5个;培育新品系9个。建立了39个试验基地。申请专利40项,其中已获授权16项(其中国家发明专利12项),申请24项(其中国家发明专利22项);制定技术标准23项,其中已颁布15项(行业以上标准9项),申请8项(行业以上标准6项);获国家级奖励2项,省部级奖励6项;出版专著8部,合计300余万字,发表研究性论文172篇,其中SCI、EI收录39篇;培养博士研究生19人,硕士研究生68人。课题组圆满完成项目计划任务,并荣获科技部"十一五"国家科技计划执行优秀团队奖。

译 文:During the implementation of this project, ten new varieties of aquaculture species were obtained, five of which have been authorized by The National Approval Committee for Aquatic Species and Varieties. Nine new strains were obtained. 39 experiment bases were established. 40 patent applications were made, among which 16 were authorized, including 12 national invention patents. 23 industrial standards were drawn up, 15 of which were issued. The project partners have been awarded two national level and six provincial level scientific prizes, published eight books and 172 research papers, including 39 published in peer-reviewed SCI or EI journals. The project team also includes 19 Ph.D students and 68 master's degree students. The task group has fulfilled all scheduled tasks, and received the Excellence Team Award for Implementation of "The Eleventh Five Year Plan" National Science and Technology Programme, from the Ministry of Science and Technology.

三、专利说明书的翻译

专利文献是一种依法公布新技术的出版物，是以比较统一而固定的格式和书写方法，记载各国新的发明创造的技术成果说明书。专利说明书（patent specification）是专利文献的核心内容，它是用以说明发明的内容和取得的权利要求范围的文件。专利通常包括发明专利（Invention or Creation）、实用新型（Utility Model）及外观设计（Design or Mask）三种类型。一般而言，科技专利说明书是技术发明者向消费者全面、明确地介绍产品名称、用途、性质、性能、原理、构造、规格、使用方法、保养维护和注意事项等内容而写得准确、简明的文字材料。因此，它是非常重要的技术信息源，尤其对产业界来说，专利文献具有较高的使用价值和参考价值。由于专利文献是一种承载技术信息、法律信息的特殊文献，专利翻译比普通文本的翻译更为严谨。翻译人员不但要有功底深厚的英文水平，还需有相关领域的背景知识。例如：

本发明的实施例涉及照明装置技术领域。

译文：Embodiments of the present invention relate to the technology field of a lighting device.

"实施例"是指对发明或者实用新型的优选的具体实施方式的举例说明，即将本发明付诸实现的最佳实例。通常，此词会被译为"embodiment"。这对初次接触专利翻译的人员来说是比较有挑战的。然而，专利的术语常常具备程式化特点。所谓程式化是指同类语篇大致相同的体例与表达方式，对于这类程式化专利术语的翻译，"套译"这种翻译方法不失为一种很好的选择。所谓套译，是指完全照搬、套用相关英文的翻译。这种翻译策略适用于一切程式化文体的翻译，尤其适用于高度程式化的专利说明书部分内容的翻译。例如：

发明内容。

译文：Summary of the Invention.

相关申请的交叉引用。

译文：Cross Reference to Related Application.

类似的表达还有 Field of the Invention（技术领域）、Background of the Invention（技术背景）、Brief Description of the Drawings（附图说明）、Detailed Description of the Invention（具体实施方式）等。这几大标题都是英文专利说明书中的惯用词组，通常有其固定译法。除此以外，还可套译一些常用的固定句型。

本发明的一个主要目的／另一个目的／再一个目的是……

译文：A(n)main/another/further object of the present invention is to(do)…OR It is a(n)main/another/further object of the present invention is to(do)…

本发明提供了一种（装置／方法／工艺名称），由……构成／包括……，其中……

译文：The present invention provides a(name of a/an apparatus/method/process), consisting of/comprising.../including..., wherein...

结合附图和对本发明的多种实施例及以下对附图的详细说明，可更全面地理解本发明。

译文：The disclosure may be more completely understood in consideration of the following detailed description of various embodiments of the disclosure in connection with the accompanying drawings.

本专利申请要求于××××年××月××日提交的美国临时专利申请号×××××××和于××××年××月××日提交的美国临时专利申请号×××××××的优先权，以上两个临时专利申请的公开内容以引用方式全文并入于此。

译文：This application claims the benefit of U.S. Provisional Patent Application Nos.×××××××, filed××××, 20××, and×××××××, filed××××, 20××, the disclosures of which are incorporated by reference herein in their entirety.

此外，由于专利文献是技术文件和法律文件的结合物，需按专利法的有关规定撰写，因此会出现一些固体词以体现专利文体特有的严谨风格。

凡政府机构或为政府机构效力而使用本发明的，均可以授予专利特许证，免交专利使用费。

译文：The invention described herein may be manufactured, used and licensed by or for the Government for government purpose without the payment to us of any royalty thereon.

此句中的 herein 指 in that place, in that(在那里), thereon 即 then, as the result of that(于是，因此)。这些单词也常常出现在国际商务合同中。因此，对这类单词的翻译，可考虑采取参译法。

四、译文欣赏

摘要：（1）本研究通过对我国一所重点外语院校8位老教师的深度访谈，探究外语教育传统（1949—1978）中的写作教学实践，剖析写作教学实践的基本要素和特征，总结写作教学实践的核心理念。（2）研究结果表明，外语教育传统中的写作教学立足于教学和育人的完整性和统一性，追求写作的真实性和思想性，重视实践的互动性和主体性，强调教和学的过程性和形成性。（3）研究最后针对我国当下的外语写作教学提供了启示。

——摘自《外语界》，2017年第5期

［译文］

（1）Through in-depth interviews with 8 senior teachers at a key foreign language university in China, this study makes an investigation into the writing instruction practice in China's tradition of foreign language education(1949—1978).(2)It analyzes the fundamental elements and features of their writing instruction, and reexamines the core concepts of foreign language writing and writing instruction. (3)The study results show that the traditional writing instruction, oriented towards the whole-person teaching and education, pursues authenticity and thoughts, emphasizes learner agency and interactions between readers and writers, and goes through formative teaching and learning processes.(4)The study finally provides some implications for foreign language writing instruction in China.

研究主要目标为通过双方合作研究尝试构建起中国危险化学品安全评估框架及相应技术体系，在此框架下合作开展部分新型污染物的环境行为研究、风险评价研究，提升双方研究水准，推动学科发展；通过项目建立中美化学品环境行为及风险评价研究中心，搭建平台推动双方在危险化学品安全评估领域的长期深入的合作研究与广泛交流，建立起双方全面、互信、长期的合作关系；通过研究促进人才培养和队伍建设工作。

［译文］

The main objective of the project through the cooperation is trying to build up China Dangerous Chemicals assessment framework and the corresponding technical system.Under the framework of cooperation, we are supposed to study the environmental behavior and risk assessment of new pollutants to enhance mutual research standards, and promote academic development.Through the project, we hope to establish Sino-US research center of environmental behavior and risk assessment of chemicals, and build a platform to conduct in-depth study and extensive exchanges and cooperation in the field of chemical safety assessment.We hope this project can help us to establish a comprehensive, mutual trust, long-term relationship to promote personnel training and team building.

本发明的实施例可以在不脱离本发明的精神和范围的情况下进行多种修改和更改。因此，应当理解，本发明的实施例不应限于以下所述的示例性实施例，但应受权利要求书及其任何等同形式中阐述的限制的控制。

[译文]

Embodiments of the present disclosure may take on various modifications and alterations without departing from the spirit and scope of the disclosure. Accordingly, it is to be understood that the embodiments of the present disclosure are not to be limited to the following described exemplary embodiments, but is to be controlled by the limitations set forth in the claims and any equivalents thereof.

第四节　商务文本的翻译

一、商标、品牌的翻译

商标（Trademark）指商品生产者或经营者为使自己的商品在市场上同其他商品生产者或经营者的商品相区别，而使用于商品或其包装上，由文字、图案或文字和图案的组合所构成的一种标记。商标是一个法定概念，而品牌（Brand）是一个市场概念。品牌通常具有丰厚的内涵，它不仅仅是一个标志和名称，更蕴含着生动的精神文化，体现着企业的价值观，抒发着人的情怀。如"可口可乐"的品牌内涵远不止"cocacola"几个字所构成的标志和名称，它体现了美国几代人乐观向上的人文文化和精神。商标是企业品牌宣传和产品推销的利器。因此，在对其进行翻译时应在遵循"以产品为中心、以目标受众为导向"、考虑商标词汇形态及文化因素的影响基础上，根据不同情形，采取灵活多变的翻译策略。

一般而言，商标、品牌词通常包括普通词汇，如"Apple"（苹果）、"吉利"（Geely）等；专有名词，如"Disney"（迪士尼）、"McDonald's"（麦当劳）、"Chanel"（香奈儿）、"Longines"（浪琴）、"AVON"（雅芳）等；臆造词汇等。

商标、品牌翻译方法一般有音译法、意译法及音意结合法。所谓音译，是指根据原文发音和译文发音的相似性，运用谐音字词对商标进行翻译。例如：

娃哈哈

译文：Wahaha

"娃哈哈"，其产品深受中国消费者的喜爱，在中国销售相当成功。据说之所以叫"娃哈哈"，原因有三：一是好读好记，小孩子容易接受；二是它能形象地表现小孩子得到娃哈哈后的开心喜悦之情，乐观积极；三是有一首广为流传儿歌叫《娃哈哈》，方便品牌传播。在国外市场，"娃哈哈"这一商标的译名采用了直接音译"Wahaha"。"haha"这一拟声词发音简单响亮，读起来朗朗上口，不仅可以给消费者留下深刻印象，也能带给人们愉悦。然而，值得注意的是，一般的汉语拼音对西方人而言只是一个音符。因此，虽有少数成功案例，但完全单纯地采用拼音翻译商标仍然比较冒险。如果拼音翻译不能使目标客户产生美好联想，也无法传达其源语言所蕴含的丰富内涵时，则可考虑谐音译法。

雅戈尔

译文：Youngor

"雅戈尔"品牌是国家第一批"中国驰名商标"，也是国家第一批"重点支持和发展的名牌出口商品"品牌。其商标采用谐音音译，译为"Youngor"，与英文单词"young"的比较级"younger"相似，从而表明该品牌服装可以给人带来更多活力，巧妙地迎合了成功男士的消费心理。

海信

译文：Hisense

"海信"是中国电器的知名商标，其英文商标采用谐音音译为"Hisense"，来源于"High Sense"，意指"高灵敏度、性能卓越"，突出了该品牌产品的特点。除此以外，像"康佳"（Konka）、"立白"（Liby）、"达芙妮"（Daphne）等也都采用了相同的翻译方法。

直译是指在译语中选取与原语商标名称语义对应、文化意义相符的词汇进行翻译。例如：

永久牌（自行车）

译文：Forever

"永久牌"自行车是上海永久股份有限公司生产的自行车品牌，在首届"中国驰名商标"消费者评选获"中国驰名商标"称号。其英文商标被直译为"Forever"，巧妙地突出了该品牌自行车"经久耐用，直到永远"的优良品质，迎合了消费者的期待。

公牛

译文：Bull

"公牛"品牌于1995年在宁波慈溪创立，主要生产国内领先的高档开关插座、转换器等。"牛"在中西方文化中都是强壮、有活力及生命力旺盛的代表。因此，将"公牛"直译为"Bull"可以巧妙地表明该品牌对自己的定位："成为消费者心中的插座第一品牌""插座专家与领导""插座＝公牛"。

小天鹅

译文：Little Swan

1997年，"小天鹅"商标被认定为中国洗衣机行业第一枚驰名商标，现如今已赢得全球3 000多万消费者的喜爱，成功地实现了由国内家电制造商向国际家电制造商的转变，全力打造国际名牌。其英文译名"Little Swan"巧妙地让人联想到天鹅的洁白无瑕与美丽，同时也给消费者该品牌洗衣机也能洗出像白天鹅般洁净衣物的积极暗示。

新东方

译文：New Oriental

"新东方"作为中国教育培训机构，在基础教育、职业教育、教育研发、出国咨询、文化产业等方面均取得了骄人业绩。其英文译名"New Oriental"也巧妙地表达出其想要成为"New"——中国优秀的、令人尊敬的、有文化价值的教学机构的美好愿景。

音意结合法是基于原商标的发音和意义进行翻译的方法，此方法可以充分发挥译语的优势，可谓音意兼备。例如：

格力

译文：Gree

中国空调驰名商标"格力"采用音意结合的译法，将其英文商标译为"Gree"，该英文单词不仅发音与原中文商标相似，还具有"优越""杰出"之意。此译法音义俱佳，巧妙地表明该品牌产品质量卓越、性能杰出的特点。

乐凯

译文：Lucky

"乐凯"是中国的一种胶卷老品牌，是胶卷行业唯一可以与世界品牌柯达和富士并存，并且一直在中国胶卷市场上鏖战了多年的"三国演义"。其英文商标译为"Lucky"，在英语中意味着幸福和好运，巧妙地迎合了人们的需求。因此，也深受外国人的欢迎。

除了上述方法以外，商标翻译有时还需跳出原文的局限，结合目标语语言习惯，把握产品要素，创造性地译出产品的卖点。例如：

狗不理

译文：Go Believe

"狗不理"是天津的百年金牌老字号，是中华饮食文化的典范之作。其英文商标"Go Believe"采用了谐音音译与创译法相结合的方式，巧妙地表达了"狗不理"包子质优物美，值得人们信赖的特点。

二、商务广告的翻译

商务广告是指商家为了推销产品或提供服务，通过报纸、广播、电视等媒体进行宣传，从而激发消费者兴趣和购买动机的信息传播活动。广告文体是一种具有很高商业价值的实用文体，通常具有语言简明扼要、新奇独特、生动有趣、能在瞬间引起读者（观众）注意并刺激其产生强烈的购买欲望的特点。一则商业广告，通常包括商标和广告语两个部分。翻译时，应遵循忠实、统一的原则，尽可能地体现原文的文体特点。此外，译文应充分体现广告的信息功能和劝说功能，要有美感，还应考虑文化差异，注意不同顾客群体的文化价值观，遵循社会文化习惯，进行恰当的文化转化。如：

想要皮肤好，早晚用大宝。

译文：Applying "Dabao" morning and night makes your skin a real delight.

此则广告采用直译，"delight"一词巧妙地迎合了消费者的心理，并说明了定期使用该产品能够延缓皮肤衰老、深入滋润等特点。例如：

汰渍到，污渍逃。

译文：Tide's In，Dirt's Out.

汰渍洗衣粉的这则广告富有对称性，其语言简洁明了，形象生动，巧妙地迎合了顾客的消费心理。翻译时，应尽量与原文结构保持一致。例如：

滴滴香浓，意犹未尽。

译文：Good to the last drop.

这则是麦斯威尔咖啡的广告，译文采用意译，通过"连最后一滴也不放过"的意象来反衬咖啡的美味。例如：

简约而不简单。

译文：Simple Yet Sophisticated.

这则利郎男装的广告语，简单明了。译文采用意译，巧妙地运用语言的形式美，押头韵，不仅突出了该品牌服饰时尚简约、古典俊雅、不求外显而求内涵的特点，还巧妙地强调了该品牌男装是时尚与传统的完美结合。

百闻不如一印。

译文：Copying makes you believing.

这则是佳能复印机的广告，套用了中国谚语"百闻不如一见"。英译时，仿拟英文中的"Seeing is believing",文本读起来朗朗上口,令人印象深刻。

不到三亚,枉来海南。

译文:A visit to Hainan would not be completed without visiting Sanya.

此句广告语在翻译时巧妙地运用了双重否定,不仅能够引起旅行者的注意,而且极具诱惑力。

本品可即购即食,食用方便。

译文:(Always)Ready to serve.

该广告词是一则食品广告的节选,若直译为:"Opening and eating immediately."易使人产生"不吃掉,食品马上会坏掉"的消极联想。因此,在进行广告翻译时,可适当进行意译。要注意,广告翻译不是表象文字的简单吻合,而应是信息和语言内涵上的紧密契合。

有备无患,随身携带,有惊无险。

译文:A friend in need is a friend indeed!

这是一则治疗心脏病的名为"速效救心丸"的药物广告。此广告语运用反复和排比的修辞手法,巧妙地表明了该药品的优越品质及卓越功效。翻译此广告语时,译者直接引用了英文谚语"A friend in need is a friend indeed!"虽与原文结构完全不同,却非常巧妙地将药品比作"朋友",增加产品人情味与可信度的同时也表明了其功效。

原来生活可以更美的。

译文:Media:It's your idea.

"美的"是我国著名的家电品牌,其汉语的广告词不仅融入了"美的"商标,还巧妙地迎合了人们追求美好生活的心理,暗示出该品牌产品可以美化生活。英译时,将其英文商标名称"Media"分解为"My idea",巧妙地抓住了西方文化中崇尚个人主义、尊重个人观点的特征,从而表明了该品牌的宗旨就是把顾客的"idea"变为现实,反映出顾客至上的经营理念。

衣食住行，有龙则灵。

参考译文：Your everyday life is very busy; our Long Card can make it easy.

这则是中国建设银行的广告语，译文中的"Long Card"指"龙卡"。翻译时应特别注意"龙"在中西文化中的差异。"龙"是中国人心目中喜气吉祥的代表，但在西方眼中却是邪恶凶残的代名词。因此，译文中"Dragon"被转译为汉语拼音"Long"。除此以外，在进行汉英翻译时，还应该注意 phoenix（凤凰）、magpie（喜鹊）、butterfly（蝴蝶）、white elephant（白象）、cock（鸡）等词的文化内涵。

三、商务合同的翻译

商务合同是指有关各方在进行某种商务合作时，为了确定各自的权利和义务而正式依法订立的、并且经过公证的、必须共同遵守的协议条文。按贸易方式的性质和内容，可将合同分为销售或购货合同（sales or purchase contract）、技术转让合同（contract for technology transfer）、合资或合营合同（contract for joint venture or joint production）、补偿贸易合同（contract for compensation trade）、国际工程承包合同（contract for international engineering projects）、涉外信贷合同（contract for credits and loans）等。一般来说，商务合同主要由名称（title）、前言（preamble）、正文（main body）和结尾（final clauses）四个主要部分组成。

商务合同是一种实用文体，兼有商务和法律语篇特有的特征，但同时又有其独有的特色。商务合同整体上语言精练、逻辑清晰，表达上力求严谨、准确，具有权威性和威慑力。因此，译文的语言必须符合文本的类型特征和实际意义。在我国的商务贸易业务中，合同一般都采用中英两种语言文字写成，且两种文本有相同的法律效力。一般而言，商务合同的翻译需要注意以下几点：忠实原文；符合国际惯例；尽量使用规范的法律用语。其翻译准则主要是：用词准确严谨

（Accuracy and Faithfulness）、译文规范完整（Standardization and Completeness）、译文通顺（Expressiveness）。例如：

第一次董事会会议应在公司营业执照签发后一个月内召开。

译　文：The first board meeting shall be convened within one month after the issuance of the company's business license.

商务合同具有法律效力，因此，翻译时宜选用正式的书面语，且尽量避免词义弹性大的日常用语。此参考译文中的"convene"属于书面词语，语义比较明确，指"召集、召开"，没有其他联想意义，而单词"call"为多义词，还可表示"打电话、拜访等"，比较容易引起歧义。

例如：货到目的港后即行付清余款。

译　文：The balance shall be settled upon the arrival of the goods at the port of destination.

此译文没有使用"after"，是因为"after"对时间的限定比较模糊，到货后的很多天依然可以理解为"after"，因此，选择词语"upon"与原文的语意更加吻合，翻译更为准确。

例如：卖方在此保证：货物符合质量标准，无一瑕疵。

译　文：The seller hereby warrants that the goods meet the quality standard and are free from all defects.

商务合同中经常使用一些古体词来体现合同文本严密、庄重的文体特征，常见的有："hereby, hereof, hereinafter, therefore, whereof"分别表示"兹、特此""本、此""在下文、以下""因此""关于那事（物）"。通常这类词是由here, there, 以及where与in, on, after, by, with, under, of等构成。一般来讲,here指"本合同"(the contract)，there指"上文刚刚提到的名词或事件"，where指what或which。此译文中的"hereby"表示"by means of or by reason of this""特此，由此，兹"的意思。

例如：本合约由甲方和乙方签订。

译文：This contract is made and entered into by and between Party A and Party B.

"签订合约"可译为"make a contract"或"enter into a contract"，将两者并列使用，取其共义，完全避免了语言疏漏可能引起的误解。同义词"by"和"between"的连用，不仅体现了合同的缔约人，而且反映了当事人之间的合同缔约人关系，更贴切地表达了原文意旨。翻译合同时，可适当多用成双成对的同义词和并列词语来限定或确定或强调其意义。

例如：双方可在必要时通过协商修改本合同。

译　文：The parties may, through consultation, make amendments to and revisions of this Contract as and when the need arises.

例如：本协议双方应履行协议规定的义务。

译文：Each party to this Agreement shall fulfill or perform any of the obligations under this Agreement.

fulfill 的法律含义是"to do everything which is promised in a contract"，强调的是合同的一方履行合同与所规定的该方的那部分具体义务，而 perform 的法律含义是"to do what one party is obliged to do by a contract"，它泛指双方在合同中的各项责任和义务都应得到履行。

例如：本合同的修改只有在双方签字并在原审批主管机关批准后才能生效。

译　文：The amendments to or alterations of this Contract become effect only after they are signed by both parties and approved by the original approving authorities.

此外，合同语言中有一些约定俗成具有稳定性和规范性特点的套语，熟悉和正确使用这些套语，可以在翻译中起到事半功倍的作用。

例如：兹特立约为据，并由订约双方协议如下：……

译文：NOW THESE PRESENTS WITNESS that it is hereby agreed between the parties hereto as follows：...

例如：我方于____年____月____日签署本文件，并于____年____月____日接受该文件，特此为证。

译 文：IN TESTIMONY WHEREOF we have hereto signed this document on____（date）accepted on____（date）.

例如：本合同由双方代表签字后生效，一式两份，双方各执一份，特此立据。

译 文：IN WITNESS/TESTIMONY WHEREOF，this contract shall come into effect after the contract in question is made and signed by the parties hereto in duplication，and either party will hold one copy.

例如：本合同用中英文两种文字写成，两种文字具有同等效力。本合同共_____份，自双方代表签字之日生效。

译 文：This contract is executed in two counterparts each in Chinese and English，each of which shall deem equally authentic.This contract is in_____ copies，effective since being signed by both parties.

四、商品说明书的翻译

商品说明书，也可称为产品说明书、产品描述、操作指南、用户手册或说明书，英文又称"instruction""book of instruction""operating instruction""operating manual""user's manual""direction""description"等，是提供商品所有重要信息和如何使用商品的说明性文件，是商品不可缺少的附带品之一。商品说明书一般具有宣传产品、指导消费（advertising products，guiding consumption）、传播消息、促进消费（expanding news, stimulating consumption）及传播知识、创造品牌（spreading knowledge，creating the brand）的作用。因此，在国际贸易中，商品说明书的翻译质量十分重要。

商品说明书按其形式可分为手册式说明书、插页式说明书、标签式说明书及印在包装上的说明书。其形式虽有不同,但均是说明文文体。说明文的风格可概括为 PEA(plain 语言直白,efficient 信息充分,accurate 表达确切)。因此,翻译商品说明书时,应注重知识性和科学性,翻译的目标是为了让目的消费者准确、详细地了解产品,译者应尽量以客观、准确的语言描述介绍商品的特征、功效及主要事项等内容,语言要通俗易懂,行文通畅,符合逻辑。

例如:保存于常温干燥处。

译文:Store dry and at room temperature.

例如:不使用相机时,请取出电池。

译文:When not using the camera, remove the battery.

例如:红灯亮时即可切断电源。

译文:When the red indicator is on, the switch can be turned off.

例如:如有不适及过敏症状,请立即停止使用。

译文:Please stop using it in case of discomfort or sensitive symptom.

例如:如果包装已打开或有损坏迹象,请勿购买。

译文:Do not purchase if box has been opened or shows signs of tampering.

例如:开瓶前充分摇匀,开启后三日内饮完。

译 文:Give the bottle a good shake before opening and drink up within three days.

例如:本产品系纯天然蜂蜜。可调入温开水饮用,亦可调入牛奶咖啡中饮用,还可抹于面包食用。

译文:This refined honey is free from any additives and it can be used as sugar or jam.(注:中文商品说明书多使用主动语态来描述商品特征和使用方法,在译为英文时,可以作为被动语态译出。)

翻译时,译者需对原文理解透彻、入理,而不仅仅满足于对表层信息的转述。

例如:绿源苔干有治疗心脏病、神经症、消化不良、贫血诸功效。

译文：Lvyuan Taigan can be served as amedical diet for those who are suffering from heart failure, neurosis, indigestion and anemia.

说到"治疗"，我们一般会想到"cure"。但是通过理解商品说明书的上下文，我们可以发现"绿源苔干"是一种绿色健康食品，不是药品，并不能真正治疗疾病，所以译文中没有使用"cure"，而是译为"be served as amedical diet for those who are suffering from"，通过此种译法，可以较为准确地把绿源苔干的"食疗"功效翻译出来。

此外，由于文化的不同、语言的差异以及不同民族对同一事物所产生的不同心理感受，一种语言中的特殊概念在另一种语言中常常会出现语义上的空缺及理解上的背向。因此，为了提高译文的可读性，有时需要对不完全适合用译入语表达的原文和对不符合读者欣赏习惯的描写进行必要的删节和改写。

例如：它保持了酱香浓郁、典雅细致、协调丰满、回味悠长等特点。

译 文：It possesses the unique style and flavor and is an extensively enjoyable drink.

原文中的"酱香浓郁、典雅细致、协调丰满、回味悠长"一般是中文形容白酒口感好的常用说法，然而在西方，人们很少喝白酒，更不会有这样特殊复杂的形容白酒口感的说法。因此，直译的翻译方法在此处是行不通的，我们可将其译为"is an extensively enjoyable drink"，帮助西方读者更好地理解，同时，也使得译文十分简洁贴切。

例如：本产品是根据中医理论"腰为肾之府""肾为先天之本""脾为后天之本"及"内病外治"的医理，采用高科技方法研制的保健药品。

译文：This product is a new kind of healthcare medicine developed on the basis of TCM theory about kidney with the latest high technology.

原文中"腰为肾之府""肾为先天之本""脾为后天之本"及"内病外治"这些中医理论，一般消费者并不是十分了解。况且对外国读者而言，这样的表述更是艰深难懂。因此，译文中将此部分全部删除，译为简洁的"TCM theory about kidney"这一通俗的缩略术语，更加有助于读者的理解。

五、译文赏析

（1）玉兰油晚霜广告词（节选）

玉兰油晚霜是一种夜晚使用的特别护肤霜，能充分发挥夜晚的魔力。无油脂，轻柔，舒适，让皮肤一面自然呼吸，一面吸收玉兰油晚霜的特殊营养。

一夜之中，每时每刻，玉兰油晚霜使您的皮肤始终保持湿润，增强皮肤的自然再生能力，舒展细微皱纹，让您的皮肤显得更轻柔更年轻。

Night of Olay is special night care cream, created to make the most of the magic of the night. It is greaseless and remarkably light to touch, a sheer pleasure on your skin, allowing it to breathe naturally while it absorbs this special nighttime nourishment.

Hour after quiet hour all through the night, Night of Olay enhances your skin's own natural renewal by bathing it in continuous moisture, easing tiny dry wrinkle lines and encouraging the regeneration of softer younger looking skin.

此部分内容为玉兰油晚霜广告语的核心部分，翻译时应注意英汉语言的特点，如汉语是意合型语言，讲究形散而神不散，所以零句（没有主谓的句子）较多。此外，句中的动词没有形态变化。因此，汉译英时，要注意妥善处理零句，根据英语行文习惯及上下文语境，将某些散句组合成长句或者复合句（如将"无油脂，轻柔，舒适，让皮肤一面自然呼吸，一面吸收玉兰油晚霜的特殊营养"译为"It is greaseless and remarkably light to touch, a sheer pleasure on your skin, allowing it to breathe naturally while it absorbs this special nighttime nourishment"）另外，当多个动词出现在一个句子中时，也要注意理清它们之间的关系。（如将"玉兰油晚霜是一种夜晚使用的特别护肤霜，能充分发挥夜晚的魔力"译为

"Night of Olay is special night care cream, created to make the most of the magic of the night")

（2）在合作期间，由于地震、台风、水灾、火灾、战争或其他无法预见并且对其发生和后果不能防止和避免的不可抗力事故，致使直接影响合同的履行或者不能按约定的条件履行时，遇有上述不可抗力事故的一方，应立即将事故情况通知对方，并应在15天内提供事故的详细情况及合同不能履行，或者部分不能履行，或者需要延期履行的理由的有效证明文件。此项证明文件应由事故发生地区的公证机构出具。按照事故对履行合同影响的程度，由双方协商决定是否解除合同，或者部分免除履行合同的责任，或者延期履行合同。

Should either of the parties to the contract be prevented from executing the contract by force majeure, such as earthquake, typhoon, flood, fire, war or other unforeseen events, and their occurrence and consequences are unpreventable and unavoidable, the prevented party shall notify the other party withoutany delay, and within 15 days thereafter provide detailed information of the events and a valid document for evidence issued by the relevant public notary organization explaining the reason of its inability to execute or delay the execution of all or part of the contract. Both parties shall, through consultation, decide whether to terminate the contract or to exempt part of the contract according to the effects of the events on the performance of the contract.

此部分内容为合同中通用条款的不可抗力（force majeure）条款示例。需注意的是："Should"一般用于条件句，商务合同中多使用"Should+S+V"结构，使用这种条件句时，发生条件句中所描述情况的可能性较小。如果该条件句所描述的情况发生了，那么主句所描述的事宜必须完成。

（3）它具有20世纪80年代先进水平。它采用了先进的滚动转子式全封闭制冷压缩机和高效率的涤翅式散热片。具有体积小、重量轻、噪声低、耗能少、使用安全、性能可靠、外形美观等特点。它能自动调节室内温度，并有一定的除湿能力，使用于宾馆、医院及家庭等要求舒适环境的房间。本空气调节器享有盛誉，深受国内外用户信赖。

With the advanced level of the 1980s, it adopts the modern Rotary Hermetic Compressor and the unique cross fin coil type with high efficiency super slit fins. Characterized by compact, light weight, low noise, less energy consumption, excellent function and an elegant shape, it is safe for use and automatic in adjusting the room temperature as well as in dehumidifying. It is suitable for the rooms of hotels, hospitals and homes where comfortable environment is needed. It wins a high reputation and is widely trusted at home and abroad.

此部分内容为窗式房间空气调节器的推销说明书。一般而言，在产品说明书中，会经常提及产品所采用的技术，经常运用英文表达"It adopts..."。此外，介绍产品"具有……特点或特征"时，会经常运用英文表达"Characterized by..."。

第五节 法律文本的翻译

一、协议条约的翻译

社会集团或个人处理各种社会关系、事务时常用到"契约"类文书，包括合同、议定书、条约、公约、联合宣言、联合声明、条据等。协作的双方或数方，为保障各自的合法权益，经双方或数方共同协商达成一致意见后，签订书面材料。鉴于现在对外交流事例逐渐增多，跨文化、语言的协约条款中汉译英的翻译更显重要，最常见的是公司之间的合同翻译。Contracts are agreements between equal natural persons, legal persons and other organizations for the purpose of establishing, altering and terminating mutual civil rights and obligations.(Contract Law of People's Republic of China) 合同是平等主体的自然人、法人、其他组织之间设立、变更、终止民事权利义务关系的协议。

协议条约若译文不准确或不严谨，势必会引起不必要的政治、经济纠纷。翻译失真则是法律翻译的大患，比如有的译者在涉外销售合同的翻译中把"earnestmoney"，即具有担保性质的"定金"译成"订金"，以致在外商违约时，"订金"被解释为预付款，致使外商逃脱了双倍返还定金的责任。其语言保持程式化、准确性、严谨性、一致性、庄重性、简明化等特点。

法律上合同、协议书等正式文件的开头语常出现"特此"，因此，"兹"在英文中意思相当于 by means of, by reason of this，书面的表达方法是 hereby。在条款中需要强调时也可用。它的位置一般置于主语后，紧邻主语。如我们谨达成如下本协议，we hereby reaches this agreement。通过对以上事实的说明，我们提出如下建议……With all that stated, we hereby advise as follows... 例如：

特此证明，据我们所知，上述声明内容真实，正确无误，并提供了全部现有的资料和数据，我们同意，应贵方要求出具证明文件。

译　文：We hereby certify to the best of our knowledge that the foregoing statement is true and correct and all available information and data have been supplied here; thus, we agree to provide documentary proof upon your request.

业主特此立约保证在合同规定的期限内，按合同规定的方式向承包人支付合同价，或合同规定的其他应支付的款项，以作为本工程施工、竣工及修补工程中缺陷的报酬。

译文：The Employer hereby covenants to pay the Contractor in consideration of the execution and completion of the Works and the remedying of defects therein the Contract Price or such other sum asmay become payable under the provisions of the Contract at the time and in the manner prescribed by the Contract.

在表示上文已提及的"在本合同中、本文件中……"时，英文与之相对的是 hereof，表示"of this..."，我们便可把该 hereof 视为"of this Companies Act"理解。一般置于要修饰的名词的后面，与之紧邻。

任何一方都可以根据本终止条款通知另一方终止本协议。

译文：Either party may terminate this Agreement by giving notice to the other party in accordance with Termination Clause hereof.

当某一条款中需要做进一步规定或在做规定时语气上表示转折，在中译英时，应加上"provided that"。有时从中文上看，尽管没有"但规定""进一步规定"的词语，但英文写作时，应加上该词组。其用法与 if 或 but 非常类似，汉语中的意思相当于"倘若/如果"或"但"。

不论港口习惯是否与本款规定相反，货方都应昼夜地，包括星期日与假日（如承运人需要），无间断地提供与提取货物。货方对违反本款规定所引起的所有损失或损坏，包括滞期应负担赔偿责任。

译　文：Whether the custom of the Port is contrary to this Clause or not, the owner of the goods shall, without interruption, by day and night, including Sundays and holidays(if required by the carrier), supply and take delivery of the goods.Provided that the owner of the goods shall be liable for all losses or damages including demurrage incurred in default on the provisions hereof.

该短语放在句首，引导出的是法律英语中的一个条件分句，与 if、when 或 where 引导的条件句没有本质上的差异。

如果在本合同约定的租期届满后，业主接受租金或中间收益，不应视为业主放弃了合同的任何条款或违反了任何条款，也不应该视为以延期或其他方式重新租赁。

译　文：Provided that the acceptance of rent or mesne profits by the Landlord after the expiration of the term of the tenancy hereby created shall not be deemed to operate as a waiver or breach of any of the terms hereof nor as a new periodic tenancy byway of holding over or otherwise.

但如果该短语之前存在一个主句,则它表示的是一个与之前的陈述相反的"例外"。相当于 with the exception of... 翻译成"但"。法律界通常称呼这类句子为"但书"(proviso)。

租赁期间届满,当事人可以续订租赁合同,但约定的租赁期限自续订之日起不得超过二十年。

译文:At the end of the lease term, the parties may renew the lease, provided that the renewed term may not exceed twenty years commencing on the date of renewal.

在法律文件中表示"订立本协议"可用以下4个动词:sign、make、conclude or enter into、this agreement,按照同义词连用的写作特点,可用上述4个动词中的两个来表示)。例如:

本合同双方,××××公司(以下称甲方)与××××公司(以下称乙方),在平等互利基础上,通过友好协商,于××××年××月××日在中国××(地点),特签订本合同。

译 文:This Contract is hereby made and concluded by and between ×××Co.(hereinafter referred to as Party A)and ×××Co.(hereinafter referred to as Party B)on ×××(Date), in xx(Place), China, on the principle of equality and mutual benefit and through amicable consultation.

如果甲方向乙方提供含有专项培训费的专业技术培训,甲方可以补充订立培训协议作为本合同的附件,约定服务期和违约金。

译 文:If Party A provides professional and technical training to Party B with special-item training expense, Party A can make the training contract to stipulate service term and liquidated damages as an attachment to this contract.

汉英翻译协议条约时，还要注意"应该""必须"等的措辞，了解 may、shall、should、will、may not、shall not 等词语的法律内涵尤其必要。例如：

双方首先应通过友好协商，解决因合同而发生的或与合同有关的争议。

译文：The parties hereto shall, first of all, settle any dispute arising from or in connection with the contract by friendly negotiations.

第一条　甲方应尽快在本协议生效后，且最迟在本协议生效后六十天内，有关特许产品的全部技术与销售信息递送到乙方地址。

译文：Article 1 Party A shall deliver to Party B as soon as possible after this Agreement becomes effective, but in any event within 60 days thereafter, at Party B's address set forth above, all the Technical and Sales Information, relating to Licensed Products.

协议条约较为严谨，也比较强调客观因素，忌加入情感因素，一般都会运用"必须"或"应该"等措辞，表示法律上可以强制执行的义务（Obligation），如未履行，即视为违约，并构成某种赔偿责任。按照常理，"必须"或"应该"与英文的 should, have to 等同，如有译者把"合营企业所需的机器设备……在同等条件下，应尽量在中国购买"译成"...a joint venture should give first priority to Chinese sources"。译文中以"should"来译"应当"，非常不妥。一是因为"应"在法律条文中就是"must""have to"即汉语"必须"之意。而"should"在此方面的意味不及"must"和"have to"强，甚至尚不及"ought to"强。二是因为"should"表示法律义务，只表示一般义务或道义上的义务。例如：

在受益人向发出修改通知的银行表示接受修改内容之前，原信用证的条款和条件对受益人仍然有效。受益人应当发出接受或拒绝受该修改的通知。

译文：Before the beneficiary said to accept the amendment from the bank that advised such amendment, the terms and conditions of the original credit is still valid for the beneficiary. So the beneficiary should give the notification of acceptance or rejection of the amendment.

但此处显然不是，因此存在误译的情况。"shall"在法律文件中有其特殊的含义，并不是单纯的将来时，而是表示强制性承担法律或合同所规定的义务，带有指令性和强制性，是一种法律义务，是使用频率最高的词之一。在合同中在表达"应该"或"必须"做某事时，应用"shall"而不能用"must"或"should"，但有时可用"will"，力度比 shall 弱。

董事会会议应由董事长召集、主持；若董事长缺席，原则上应由副董事长召集、主持。

译　文：The board meeting shall be convened and presided over by the Chairman. Should the chairman be absent, the vice-Chairman shall, in principle, convene and preside over the board meeting.

在合同中表示语气较弱的假设，表示"万一"或"如果"等时，多翻译成"should"。例如：

双方必须严格遵守合同规定，如单方违约，任何一方有权终止合同。

译文：Both parties shall strictly comply with the contract provision. Should one party break the contract, the other party is entitled to cancel it.

二、立法文本的翻译

戴维麦林克夫的经典研究《法律的语言》(1963)的开篇之句"法律是一项措辞的职业"，表明了法律语言的使用者对语言表达中细微之处的重视程度是任何别的领域的语言使用者所无法比拟的。立法的语言要求严格，同样立法文本的翻译要求准确性及精确性（Accuracy and Precision）、一致性及同一性（Consistency and Identity）、清晰及简练（Clarity and Concision）、专业化（Professionalism）、语言规范化（Standardized Language）。

所谓语言规范化主要是指在法律翻译中使用官方认可的规范化语言或书面

语，以及避免使用方言和俚语。虽然在法律文书的起草和翻译中有许许多多的清规戒律（如慎用被动语态、外来词、缩略词等），但有一点必须强调，那就是必须采用官方用语（词），尤其是现行法律中已有界定的词语。法律用语是每个国家正式程度最高的语言，是其所管辖下的所有地区中通用的语言。例如，英国的法律概念不但在英国本土通行，在往日的属地即所有英联邦国家和地区内也一概通行。正因为如此，一名原先在澳大利亚执业的大律师可被加拿大政府聘为法官而无须再去接受专业训练。如果在受同一个法律体系管辖的地区内，法律用词、用语上各行其是，那么法律在实施的过程中势必乱套。

在进行法律文书汉译英翻译过程中，有时会碰到不少汉语意义相同的词，但这些词在不同的搭配中和特定的上下文中，是有明显区别的，译者一定要注意语言的逻辑性，勤查专业工具书。例句："正式协议"和"正式声明"这两条术语中的"正式"就不能盲目地套用，必须弄清它们之间的不同含义。第一个"正式"是指"符合规定的"；第二个"正式"是表示"官方权威性的"。"正式协议"译成"formal agreement"，"正式声明"译成"official statement"。

《中华人民共和国宪法》是中华人民共和国的根本大法，规定拥有最高法律效力，翻译这样的文本没有多少发挥的余地，主要是直译，但切忌翻译腔。汉英翻译不同于英汉翻译的是理解汉语，表达英语，这难免要受汉语习惯的影响，在选词、造句中总会有点"汉式英文"的味道。这仿佛是汉译英过程中的通病，但我们在汉英翻译中应尽量避免受汉语思维习惯的影响，要多注意两种语言的差异，使译文准确、流畅、一气呵成。例如：

中华人民共和国是工人阶级领导的、以工农联盟为基础的人民民主专政的社会主义国家。

译文：The People's Republic of China is a socialist state under the people's democratic dictatorship led by the working class and based on the alliance of workers and peasants.

国有经济是社会主义全民所有制经济，是国民经济中的主导力量。国家保障国营经济的巩固和发展。

译　文：The state economy is the sector of socialist economy under ownership by the whole people；it is the leading force in the national economy. The state ensures the consolidation and growth of the state economy.

我国著名资产阶级启蒙思想家，翻译界的老前辈严复根据自己的翻译实践，曾提出过"信、达、雅"翻译标准。"信"即译文要忠实于原作内容，对于法律文本，特别是立法文本更是如此。立法语言所表述的内容是全体公民的行为规范，是人们的行为准则，同时也是司法人员的执法依据。因此，立法者要通过语言文字的准确运用来表述国家的立法思想和具体的法律内容，以便司法人员和全体公民能清楚地了解作为一个国家的公民，他们拥有哪些权利，承担哪些义务，从而明白哪些行为是被允许的、哪些行为是被禁止的、哪些行为是要受到鼓励或制裁的，以及一旦出现违法行为会产生什么样的后果及其应负什么样的法律责任。真正使人们准确理解法律内容，严格依法办事，做到有法必依、执法必严、违法必究，那么在"立法"这个环节上，就必须使法律条文的表述做到明确无误。语言必须准确、确凿、严密，这是法律的社会职能决定的。如：

本细则的解释权，属于中华人民共和国财政部。

译　文：The right of interpreting the Detailed Rules and Regulations belongs to the Ministry of Finance of the People's Republic of China.

"解释"在汉英词典上可译成"construe""explanation""exposition""interpretation"，但这个句子的"解释"是指对法律条文的正式解释，选择"interpretation"，较为恰当。句中谓语动词"belong to"用得欠妥，"belong to"的含义是"属于……的财产"，这里的"属于"是指"权利、权力等为……所有"，故应选用"reside in"更为合适。整个句子为 The right of interpreting the Detailed Rules and Regulations resides in the Ministry of Finance of the People's Republic of China.

虽然立法文本中较为严谨，但也不是一点发挥的余地也没有，可以根据上下文，做一些减法，避免按部就班，却较为冗长。如"本法所称……，是指……"，一般译成 "This term...as mentioned in this Law refers to..." 或者 "This term...as referred to in this Law means"，这两种译法都较为正式，但过于直译，如果译成 "...in this Law means" 或者 "...herein means" 则更为简洁。事实上，单就"本法"的翻译也是五花八门，其主要原因就在于"法"的译法不一。按照《现代汉语词典》第353页上的解释，法"包括法律、法令、条例、命令、决定等"，因此，"法"的译法就有 "law（法律）""act（法令，决议）""enact（法令，法规，条例）""regulation(s)（条例）""rule(s)（法则，细则）""statute（法令，法规，成文法）""code（法典）""moastlre(s)（措施，办法）""decree（政令，命令）""resolution（决议，决定）"等。由此可见，在翻译"本法"的"法"时一定要谨慎。

刑法中经常使用"不得"等字句表达禁止性规范，庄重严肃，简洁明快。"不得"一般译作 shall not，然而"不能"常译为 may not，这和英文中一些否定表达方法对应一致，故不再重复。

没收财产是没收犯罪分子个人所有财产的一部分或者全部。在判处没收财产的时候，不得没收属于犯罪分子家属所有或者应有的财产。（《刑法》第五十九条）

译　文：Confiscation of property refers to the confiscation of part of all of the property personally owned by a criminal. When a sentence of confiscation of property is imposed, property that the criminal's family member owns or should own shall not be subject to confiscation.

典型法律禁令字句在汉译英的过程中通常译为 be prohibited 句式。

禁止证券交易内幕信息的知情人和非法获取内幕信息的人利用内幕信息从事证券交易活动。

译文：Persons possessing inside information relating to securities trading and persons obtaining such information unlawfully are prohibited from making use of such inside information in securities trading activities.

禁止任何人利用任何手段扰乱社会秩序。扰乱社会秩序情节严重，致使工作、生产、营业和教学、科研无法进行，国家和社会遭受严重损失的，对首要分子处五年以下有期徒刑、拘役、管制或者剥夺政治权利。

在立法文本中有禁止，自然也有必须要遵守的法律规定。在该领域的翻译专家的实践中，尤其是在具有权威性法律文献的翻译实践中，以 must 对应"必须"的惯例似乎早已确立。

中华人民共和国公民必须遵守宪法和法律，保守国家机密，爱护公共财产，遵守劳动纪律，遵守公共秩序，尊重社会公德。

译文：Citizens of the People's Republic of China must abide by the Constitution and the Law, keep state secrets, protect public property and observe labor discipline and public order and respect social ethics.

三、诉讼文书的翻译

法律文本需要强调用词的专有性，即必须掌握一定的法律术语。诉讼文本是应用于法庭的文本，最具有法律语言的特征。案情陈述书 statement of case，辩护律师 defense attorney，当事人 party，被告 defendant，侵权行为 tort，委托辩护 entrusted defense，未成年人法庭 juvenile court，无罪判决 acquittal，先予执行申请书 application for advanced execution，裁定 order，驳回上诉 withdraw appeal。

虽然一般意义上，诉讼文本中的词或词组能在汉英字典中找到相应的单词，但也要按照具体的情境进行分析。例如，陪审团宣告被告谋杀罪不成立。译文：The jury acquitted the respondent of the charge of murder. 分析：该句中的"被告"一词应用"the accused",而不能用"respondent",因为"respondent"指的是民事案件的答辩人即被告,尤指离婚案的被告(defendant in a civil case, especially, in a divorce one),而"the accused"则是刑事案件的被告(the person charged in a criminal case),从这方面看来,虽然都是"被告",但此"被告"非彼"被告"也。民事案件的"原告"和"被告"分别为"plaintiff"和"defendant";离婚案件的"原告"和"被告"分别为"petitioner"和"respondent";海事案件的"原告"和"被告"分别为"libellant"和"libellee";刑事案件的"自诉人/公诉人"和"被告人"则分别为"private prosecutor/public prosecutor"和"the accused"。

例:李明在中国居住期间没有受过刑罚的记载。

译 文:LiMing has not been punished according to the criminal law during his living in China.

分析:此句中的"not to be punished"与表示一段时间的during短语连用不恰当,况且,此句证明的是"没有受过刑罚的记载",而"触犯刑律"也应译成"commit an offence against the criminal law"。另外,"居住"这个词选用"residence"而不用"living",更强调一个住所的永久性和合法性。

改译成:Li Ming has no record of committing offences against the criminal law during his residence in China.

不难看出,如果译者不熟悉这些词语,就很难准确反映当事人在诉讼中的地位,也就会造成误解,让法律条文丧失其精确性(preciseness)。

另外在法律文本中,需要注意的是同一性原则,亨利·威霍芬在其所著《法律文体》一书中告诫译者不要害怕重复正确的单词!因此在汉译英过程中,为了维护同一概念、内涵或事物在法律上始终同一,避免引起歧义,词语一经选定后就必须前后统一,旨在保证法律文字的准确。"未成年人"在英文中可翻译成"infant"和"minor"两个词。当我们在翻译同一材料时,如果选定"infant",

下文就不能用"minor",这样就会造成歧义,缺乏一致性。

例:被告(宝洁公司)从未以任何方式向原告(雇员)施加精神压力。被告可以拿走原告的文档和他使用的电脑,这是公司的规章制度所规定的,其目的是防止公司的商业秘密被泄露。

译文:The defendant(P & G)never exerted any spiritual pressure in any form on the claimant, the defendant was free to take away all the plaintiff 's files and the computer he had been using, strictly in accordance with the company's stipulations, and that such actions were aimed at preventing the company's trade secrets from being disclosed。

译文中对原文中的"原告"用了两个不同的词,即"claimant"(索赔者,从严格的法律意义上讲,它是指仲裁案件中的"申诉人")和"plaintiff"(原告),这在翻译法律文件时是不允许的。否则,读者会以为是两个不同的主体。

文学性语言要求生动,有鲜明的语言特色,在翻译文学作品中要尽量保持原汁原味,即使是下层人物的污秽语言,如地方方言或俚语也要照搬,才能达到"神似""化境"等境界。法律语言需要遵循严肃性和纯洁性等原则,事实上,在法律文件的供词中会涉及犯罪分子的方言,帮派的黑话和行话,有时龌龊得不堪入耳,如某些地方把嫖妓说成"拍婆子",在翻译过程中不需要用shag、bonk等来传神,这种地方色彩的俚语用大众能够明白的,即全国通用的书面语言表达是最合理、切实可行的办法,没有必要绘声绘色地描述。

四、译文欣赏

社会主义的建设事业必须依靠工人、农民和知识分子,团结一切可以团结的力量。在长期的革命、建设、改革过程中,已经结成由中国共产党领导的,有各民主党派和各人民团体参加的,包括全体社会主义劳动者、拥护社会主义的爱国者、拥护祖国统一和致力于中华民族伟大复兴的爱国者的广泛的爱国统一战线，这个统一战线将继续巩固和发展。中国人民政治协商会议是有广泛代表性的统一战线组织，过去发挥了重要的历史作用，今后在国家政治生活、社会生活和对外友好活动中，在进行社会主义现代化建设、维护国家的统一和团结的斗争中，将进一步发挥它的重要作用。

[译文] In building socialism it is essential to rely on workers, peasants and intellectuals and to unite all forces that can be united. In the long years of Revolution, construction and reform, there has been formed under the leadership of the Communist Party of China a broad patriotic united front which is composed of the democratic parties and people's organizations and which embraces all socialistworking people, all patriots who support socialism and all patriots who support the reunification of the motherland and are committed to the great rejuvenation of the Chinese nation. This united front will continue to be consolidated and developed. The Chinese People's Political Consultative Conference, a broadly based representative organization of the united front which has played a significanthistorical role, will play a stillmore important role in the country's political and social life, in promoting friendship with other countries and in the struggle for socialistmodernization and for the reunification and unity of the country.

中华人民共和国各民族一律平等。国家保障各少数民族的合法的权利和利益，维护和发展各民族的平等团结互助和谐关系。禁止对任何民族的歧视和压迫，禁止破坏民族团结和制造民族分裂的行为。国家根据各少数民族的特点和需要，帮助各少数民族地区加速经济和文化的发展。各少数民族聚居的地方实行区域自治，设立自治机关，行使自治权。各民族自治地方都是中华人民共和国不可分离的部分。各民族都有使用和发展自己的语言文字的自由，都有保持或者改革自己的风俗习惯的自由。

[译文] All nationalities in the People's Republic of China are equal.The state protects the lawful rights and interests of the minority nationalities and upholds and develops a relationship of equality unity mutual and harmony assistance among all of China's nationalities.Discrimination against and oppression of any nationality are prohibited ; any act which undermines the unity of the nationalities or instigates division is prohibited.The state assists areas inhabited by minority nationalities in accelerating their economic and cultural development according to the characteristics and needs of the various minority nationalities.Regional autonomy is practiced in areas where people of minority nationalities live in concentrated communities ; in these areas organs of self-government are established to exercise the power of autonomy. All national autonomous areas are integral parts of the People's Republic of China. All nationalities have the freedom to use and develop their own spoken and written languages and to preserve or reform their own folkways and customs.

任何一次解雇，如果是基于相关法律，或辞职信是在决定期限内，于合同到期前递交的，将能让当事人强制执行以下行为：主动终止支付与工资数额相等的赔款，并在合同的剩余期限内，不损害其他可能的赔偿。

然而，对一个有确定期限的劳动合同，或一份已被明确定义的工作，在固定任期内发生重大渎职事，或当事人之间已达成协议，合同可以提前终止。因重大过失而终止的有确定期限的合同，首先终止合同的一方应当在48小时内将此事告知另一方。

［译文］Any dismissal which is not done basing on the reasons provided for the law or resignation made before the expiry of a contract for a determined period compels the party that takes initiative of termination to pay an indemnity equivalent to the remuneration for the remaining contract period without prejudice to other compensation which may be paid.

However, the contract of employment for a determined period or for a well defined work can be terminated before the fixed term in case of gross negligence or agreement between the parties.Where the contract for a determined period is terminated due to gross negligence, the party causing the contract to be terminated shall notify the same to the other party within forty eight(48)hours.

第六节　文学文本的翻译

一、诗词的翻译

诗是一种最古老的文学形式，它是伴随着音乐舞蹈产生的，而人们常常吟唱诗，诗又称为诗歌。一直以来对于诗歌的翻译就争论不休，分为两大阵营，即诗之不可译（untranslatability）与诗之可译（translatability）。罗伯特·弗罗斯特认为诗就是在翻译中失去的那种东西。在巴西诗人和翻译家奥古斯都·德·坎波斯看来，诗歌不应只属于一个国度而应该属于更广阔的国度，译者有权帮助诗歌跨越语言的障碍，以实现全人类共同欣赏之目的。郭沫若提出的"以诗译诗"及闻一多所说的以"诗笔"译诗也是诗歌翻译的一种准则。

翻译诗歌的难点在于意境、诗歌的形式和文化因素三点。其一，意境本身是一种抽象的艺术形态，但这种抽象的形态，却能够表达出诗歌的本质甚至灵魂；其二，诗歌的形式包括其内部的韵律及外部的形式，韵律就像是诗歌的声音，是诗歌的音乐特征，而外部形式就像是诗歌的外衣，是诗歌区别于其他文学作品的一个重要特点；其三，无论诗歌还是诗歌翻译都与其所处的文化背景密切相关，诗歌的文化因素决定了诗歌翻译不仅是一种跨语言，也是一种跨文化的行为。诗人和诗歌在不同时代和不同文化中往往扮演不同的角色，也正是文化背景的差异增加了诗歌翻译的难度，诗歌译者和诗人从不同的文化背景出发对诗歌翻译也进行过迥异的阐释。据此看来，译者既要承认和正视诗歌翻译中存在的难度，但是也不可否认诗歌的可译性。佳译是在反复不断的译诗实践中产生的，译者需要在具体的翻译过程中，积极调动思维和自身的知识储备，努力再现原诗本身在音、形、意三方面的美感，传达原诗的"意美""音美"和"形美"。意美指的是语言的深层结构，即"语言背后的语言""言外之意""弦外之音"传达出诗的意境美。意境本身是一种抽象的艺术形态，但这种抽象的形态，却能够表达出诗歌的本质甚至灵魂。

天净沙·秋思 Autumn Thinking-to the tune of Sky Scours Sand

马致远 by Ma Zhiyuan（赵甄陶译）

枯藤老树昏鸦，Withered vines, olden trees, evening crows;

小桥流水人家，Tiny bridge, flowing brook, hamlet homes;

古道西风瘦马，Ancient road, wind from west, bony horse;

夕阳西下，The sun is setting,

断肠人在天涯。Broken man, far from home, roams and roams.

译文首先以一系列的意象进行直译，枯藤、老树、黄昏时的乌鸦传神地表达出诗歌时间、地点的大语境，第二句以小桥、流水、人家传达出诗人对温馨家庭的渴望，转而在第三句以瘦马在西风中飘零传达出第三幅图片孤独、漂泊的旅人形象。对此诗的翻译不下十种，其中以该例译文诗句最短，又较好地传达了原作的节奏感和押韵美。更为重要的是，它很好地传递了原词中的意境美，译文用几乎与原词等同的字数，以意象的叠加堆砌重新构建了一个郁郁不得志的游子独自漂泊的形象。

汉语的音美和英语的音美有所不同，汉语是声调语言（tone language），汉语的四声构成了发音的抑扬顿挫，产生了一种音乐的特征。同时，汉语基本上是单音节而英语是重音语言（intonation language），英语单词多是多音节，英语中约有 1200 个音节，有重音，但没有四声。由于语音的特性，汉语诗歌的格律为"平仄律"，英语诗歌的格律为"轻重律"。因此，利用发音的特点形成的语言游戏很难英汉互译。例如，汉语诗歌的叠字较多，在声韵上形成一种气势，激发荡气回肠的情感，而英语很少用叠词来表达思想的徘徊，所以就要用别的方法传达出汉语的音韵之美。

译者可采用语义对等翻译来传达音之美。翻译中的语义对等是翻译理论中的一个新模式。奈达坚信不同语言具有同等的表达力，"一种语言所能表达的，必然能用另一种语言表达出来，除非形式是所表达意义的一个基本组成部分……翻译，就是在目的语中以最自然的对等语再现源语的信息，首先是意义，其次是文体。"(Nida and Taber，1969)

奈达的"动态对等"翻译基本思想可以概括为以下三句话：翻译是交际活动；翻译主要是译意；为了译意，必须改变语言的表达形式。具体地说，就是在词汇、语法、语义等语言学的不同层次上，不拘泥于原文的形式，只求保存原作的内容，用译文中最切近而又最自然的对等语将这个内容表达出来。他从读者反映出发，认为理想的译文应该使译文接受者阅读译文时的反应与源语文本读者阅读源语文本时的反应相同。因此，在翻译中要想实现语义等值，译者必须在特定的语境中，仔细分析原文的语义。例如：

夜夜相思更漏残。(韦庄《浣溪沙》)

译文：Each night I long for you till the water clock the fades.(许渊冲译)

夜夜所表达的意思同"每"相近，英语可译成 each，every 等词，若不强调"每一个"，可用复数形式来译。

吴山点点愁。(白居易《长相思》)

译文：The southern hills reflect my woe.(许渊冲译)

译文用"hill"来形容远山很小、很多。

音美指的是节奏和韵律，人们总是将诗与歌联系起来，认为诗歌是"带有音乐性的思想"；诗即是歌，歌既是诗。要保持诗歌的神韵，音、形皆美才能堪称诗歌翻译典范。如："欲去又依依（韦庄《女冠子》)"，译为"you'd go away

· 191 ·

but stop to stay.(许渊冲译)""依依"在翻译时变成以 S 音押头韵,"stop""stay"再现了双声叠韵,起到了加强节奏、渲染气氛的作用,读者似乎可以感觉到诗中人物那种留恋徘徊、不忍分离的心理状态,使整个句子读起来音韵十分优美,传达出依依不舍的情感。

再如李白的《早发白帝城》(*Departure from the empire town at dawn*)

早辞白帝彩云间。Bidding the town farewell when morning clouds hang low,

千里江陵一日还。A long trip through canyons Imade in amere day.

两岸猿声啼不住。Monkey cries were heard on either bank all through the day,

轻舟已过万重山。While the boat passed by mountains in a low.

一、三句押韵,二、四句押韵,在句式上朗朗上口,保持了古诗词的音韵和形似。

形美主要是指诗歌的体裁、用词、句子结构、表现手法及比喻手段等方面与原文一致。外部形式就像是诗歌的外衣,是诗歌区别于其他文学作品的一个重要特点,拟声词和颜色词在翻译时运用得好也能促进在音和形上的一致。如:"车辚辚,马萧萧。(杜甫《兵车行》)",译为"Chariots rumble, and hordes grumble.(许渊冲译)"这里将汉语的拟声词译成英语拟声词,音、形达到了完美的统一。

关于音美和形美,我们再来欣赏许渊冲先生所译刘禹锡的《竹枝词》:

杨柳青青江水平,Between the willows green the river flows along,

闻郎江上唱歌声。My beloved in a boat is heard singing a song.

东边日出西边雨,The west is veiled in rain, the east basks in sunshine,

道是无晴还有晴。My beloved is as deep in love as the day is fine.

这例译文采用抑扬格六音步,形式工巧,又采用 aabb 韵式,较好地传达了原诗的形美和音美。

诗歌是一种结合了意境、外形与声音的完美的艺术整体,而每一首诗的内涵与外部形态都是独一无二的。因此，翻译诗歌绝不是一项简单的工作，是要尽可能多地再现原诗的艺术魅力。首先要求译者具有丰富的想象力诗歌翻译，尤其当翻译名作佳作之时，更需要译者丰富的想象力。因为越是伟大的作品，其语言越精练含蓄，其内涵的延展性也越大。中国古典诗词向来讲究意境，一首诗中往往有着"溢出它自身"的东西。译者必须使用最准确的词语，向读者传递原诗最深远的意义和诗人最丰富的情感。在翻译的整个过程中，我们都应该尽自己最大的努力去寻找恰当并且生动的词语来翻译诗歌。在反映原诗内容的基础上，译者还应该提高对自身的要求，准确地再现原诗中的意境，以便在内涵、韵律、意境上都能与译文保持一致。

二、散文的翻译

　　散文是文学中常见的体裁，它选材广泛，结构灵活，表现手法多样，如叙事、抒情、议论等，主要特点是体物写志、行散神聚，"形散"是指散文运笔如风，不拘形式，清淡自然；"神聚"指意旨明确，紧凑集中，既散得开，又收得拢。优美的散文艺术性在于新颖的构思、充沛的感情、丰富的想象、简洁精练的语言和耐人寻味的意境，散文也常常被比作小而境界深邃的园林。散文同时也是美文，在阅读散文过程中，读者不自觉地享受着美的熏陶。

　　翻译散文时，译者在忠实原文内容、使译文表达自然流畅的基础上，还应注重把握原文的写作风格，再现原文的美学特征。俄国著名翻译家吉加切奇拉泽在《文艺翻译与文学交流》一书中谈到文艺翻译的总的指导原则时认为："理想的文艺翻译首先是在艺术上，而不是在语言上和原文一致。即使达不到这一目标，也应全力以求，离目标越近越好。"在加氏看来，作家的思想表现在文字形象及一定的语调和节奏结构上，他认为文艺翻译的过程也应当根据上面的模式进行。不过译者不能机械地重复创作过程的所有阶段，译者应努力把通过文字形象表达的原作的思想用另一种语言再现出来，当然同时要有兼顾文学文本所特有的语调、节奏和句构特点，作为文学翻译形式之一的散文翻译，自然也要求译者在传译过程中，不仅要传达出原文的语流、节奏和句子结构等语义信息，更应着重传达原文的艺术神韵，以使目标读者在读译文时可以获得和原文读者读原文时同样的语义和美学的双重享受。

散文的形式美主要表现在原文的句式和使用的修辞手法上。许多作家都有自己独特的风格，风格就是作者表达意思时表现出来的个人特点，即所谓的"文如其人"。散文译文如果脱离了原文内容，无论其形式如何华丽，也毫无审美价值可言。朱自清的散文文字质朴，没有过多的修饰语，语言朴素、自然、平实，因此在翻译朱自清先生的作品时，译文也需要形、神兼备，才能体现原文的神采。例如：

燕子去了，有再来的时候；杨柳枯了，有再青的时候；桃花谢了，有再开的时候。（朱自清《匆匆》）

译　文：Swallows may have gone, but there is a time of return; willow trees may have died back, but there is a time of regreening; peach blossoms may have fallen, but they will bloom again.（朱纯深译）

去的尽管去了，来的尽管来着，去来的中间，又怎样地匆匆呢？（朱自清《匆匆》）

译文：Those that have gone have gone for good, those to come keep coming; yet in between, how swift is the shift, in such a rush?（朱纯深译）

朱先生的散文内容美主要体现在工整对称的句式和各种修辞手法，或借景抒情，或借物言志。译者很好地传达了朱先生字里行间透露出的对时间的无奈，进而生发出珍惜时间、珍惜生命的感叹。

冰心"文笔细腻委婉，清新隽丽"，语言质朴平实、深入浅出、简洁凝练。文章虽短，但含义隽永、寓意深刻、充满哲理，反映出作者深邃的智慧、敏锐的洞察力，以及对生命内涵的感知。文学作品的艺术性越高，语言风格越独特，翻译起来就越困难。例如：

雨声渐渐住了，窗帘后隐隐的透进清光来。推开窗户一看，呀！凉云散了，树叶上的残滴，映着月儿，好似萤光千点，闪闪烁烁的动着。（冰心《笑》）

译文：As the rain gradually ceased to patter, a glimmer of lightbegan to filter into the room through the window curtain.I opened the window and looked out.Ah, the rain clouds had vanished and the remaining raindrops on the tree leaves glistened tremulously under themoonlight likemyriads of fireflies.（张培基译）

连夜雨雪，一点星光都看不见。（冰心《雨雪时候的星辰》）

译文：It had been snowing all night, not a single star in sight.（张培基译）

冰心的文字简洁明快，翻译时再现作者的写作风格、原文的语言特色和文章的韵味并非易事，尤其是翻译散文、诗歌这类文体时，一定要挖掘出语言层面下的深层意蕴。

英语通常采用形合法连接，而汉语却用意合法连接。英语造句用各种"形式手段"来连接词、语、分句或从句，注重显性接应，表达语法意义和逻辑关系；而汉语通过词语或分句的"含义"表达语法意义和逻辑关系。汉译英至关重要的一步就是弄清汉语各句之间的逻辑关系。张培基先生在翻译散文时，使用适当的句型表现逻辑关系，译文通俗易懂。例如：

那年冬天，祖母死了，父亲的差使也交卸了，正是祸不单行的日子。——《背影》

译　文：Misfortunes never come singly. In the winter of more than two years ago, grandma died and father lost his job.

原文事实在前，结论在后；译文结论在前，事实在后。调整结论与事实的顺序，更符合西方人逻辑思维习惯。

世代为地主耕种，家境是贫穷的，和我们来往的朋友也都是老老实实的贫苦农民。——《母亲的回忆》

译文：From generation to generation, they tilled land for landlords only to eke out a bare subsistence.

"only to"表明一种结果关系。

可是她的时间大半给家务和耕种占去了，没法照顾孩子，只好让孩子们在地里爬着。——《母亲的回忆》

译 文：But she was too busily occupied with household chores and farming to look after the kids so that they were left alone crawling about in the fields.

这句话中too...to 表示一种逻辑上的因果关系，so that 表示结果。

从理论上说，英语语言与汉语语言相比，英语句子"常常是环扣相嵌，盘根错节，句中有句"，是所谓的树式结构。而汉语以散句、松句、紧缩句、省略句、流水句等短句居多，是所谓的链式结构。可见，在汉英翻译中，使用英语长句是理所当然的，也是符合语言规律的。但翻译家往往也要视翻译的文本写作风格而定，张培基先生在充分把握英汉两种语言的异同的基础上，结合原文的风格，译文的英语短句屡见不鲜。

例如，在《差不多先生》(*Mr.About-the-Same*)一文中，有这么一段话：

差不多先生的相貌和你和我差不多。他有一双眼睛，但看得不很清楚；有两只耳朵，但听得不很分明；有鼻子和嘴，但他对于气味和口味都不很讲究。他的脑子也不小，但他的记性却不很精明，他的思想也不很细密。

译文：Mr.Cha Buduo has the same physiognomy as you and I. He has a pair of eyes, but doesn't see clearly. He has a pair of ears, but doesn't hear well. He has a nose and a mouth, but lacks a keen sense of smell and taste. His brain is none too small, but he is weak in memory and sloppy in thinking.

译文句子多为简单句和并列句，主要使用普通的形容词、副词和动词等，以达到言简意赅的目的。译文干净、利落，通俗易懂，给人一种清爽自然之美，而没有盘根错节之迷惑。与原文短小精悍的形式保持了一致，松散的句式也传递出原文差不多先生的神韵。

散文中也经常会用到一些修辞手法，暗喻较为常用，那么在翻译时需要如何去做才能传达出原文的神韵？例如："弓儿似的新月，挂在树梢。——《笑》（明喻）"译为"The crescent new moon looked as if hanging on the tips of the trees."译文仍然用比喻的修辞手法翻译原文的比喻，但却转移了喻体，"弓儿似的"如果直译成bow-like，看似形象，但不符合英语对新月的描述习惯，译文将比喻落在了动作上，形象地再现了"新月挂树梢"的样子。例如："什么有轮齿的锯子啦，有两个耳朵的刨子啦？——《木匠老陈》（暗喻）"译为"such as the saw with toothed blade, the plane with two ear-like handles."因为文化原因，外国人可能对原文中的实物及暗喻不太清晰，所以需要用增词法进行进一步说明，并且也符合英语表达习惯。

明喻在散文中也经常出现。例如："像针尖上一滴水滴在大海里，我的日子滴在时间的流里，没有声音，也没有影子。（朱自清《匆匆》）"

译　文：Like a drop of water from the point of a needle disappearing into the ocean, my days are dripping into the stream of time, soundless, traceless.

此译文把明喻把完全展现出来，形成强烈的对比，让读者明白比喻的贴切与微妙。

三、小说的翻译

小说是作者对社会生活进行艺术概括，通过叙述人的语言来描绘生活事件，塑造人物形象，展开作品主题，表达作者思想感情，从而艺术地反映和表现社会生活的一种文学体裁。在文学翻译过程中，译者除接触语言外，也接触了语言背后的文化内涵。例如《水浒传》（Outlaws of the Marsh）的写作风格是以民间口语为基础的书面语，风格洗练、明快、富有表现力，人物语言的个性化也有很高的成就。

王进吩咐道:"……你与我将这些银两去岳庙里和张牌买个三牲煮熟,在那里等候。我买些纸烛,随后便来。"

译文:Wang Jin said, "...You and Corporal Zhang buy and cook the three kinds of sacrificial meat, and wait for me. I'll join you just as soon as I've bought some sacrificial paper ingots and candles."(translated by Sidney Shapiro)

对译者来说,一篇或一部译作的成功与否,很大程度上取决于译者能否有效地将源语文化移植到目标语文化之中。沙博理把张牌翻译成 Corporal Zhang,Corporal 在英文中的意思是下士,纸烛翻译成 paper ingots(纸元宝)and candles,他想方设法使译文能够被目的语读者接受。又如:

已到了腊月廿九日了,各色齐备,两府中都换了门神、联对、挂牌,新油了桃符,焕然一新。(《红楼梦》第五十三回)

译文:In both mansions, new door-gods had been pasted up on all the doors, the inscribed boards at the sides and over the tops of gateways had been repainted, and fresh "good luck" slips—auspicious couplets written in the best calligraphy on strips of scarlet paper—had been pasted up at the sides of all the entrance.(translated by David Hawkes)

什么是门神,对联、桃符又是什么,估计外国人没有几个能答得上来,读起来只能一头雾水。语言是文化的载体,语言的文化内涵涉及一个民族的政治、经济、社会、历史、风俗、习惯等各方面,是一个民族知识、经验、信仰、价值、宗教、时空等观念的总和。而汉语和英语在文化内涵上的差异就十分显著。美籍意大利学者劳伦斯·韦努蒂于 1995 年在他的名著《译者的隐身——部翻译史》(*The Translator's Invisibility*:*A History of Translation*)中提出了归化和异化的概念:异化以源语或者原文作者为归宿,归化以目的语或者译文读者为归宿。归化法的翻译方法(Domesticating method)将源语与目的语之间语言上和文化上的彼此差异降到最低,用目的语读者熟悉的语言和文化表达源语的语言和文化,使译文更透明、通顺、易懂,为两种语言更有效的交流扫除了语言和文化上的障碍。沙博理和霍克思显然在翻译中采取了归化的翻译方法,最大限度地以目的语读者为归宿,降低中英文化上的差异。

但归化法也遭受不少非议,例如,"雨后春笋"的归化翻译就是"like mushrooms after rain",再翻译成中文就是如雨后蘑菇,虽然目的语的读者更明白了,却丢了中国原文化的喻意,有人建议还是译为"bamboo shoots after a spring rain"较好,采取的就是异化翻译。与归化翻译相对应的是异化翻译,美籍意大利学者劳伦斯·韦努蒂是异化翻译的代表人物。他通过彻底研究考察西方翻译史,批评当代英美翻译流派中,以奈达为代表的通顺的归化翻译是将英语中透明话语的限制强加在每一种外国文化上,以强化英美文化的规范,对英美文化而言,这是一种殖民的表现。他反对归化翻译,主张用异化翻译表现外国文本在语言和文化上的差异,这样,译者就从原来支配他们写作的规范中解放出来,保持外国文本的独特性,不仅有效地传达了源语文本的意义,也忠实地再现了源语的语言特色和文化内涵。从文化交流的角度来看,异化的翻译有利于不同的民族之间加深对彼此的了解与认识,同时,异化的翻译通过彰显各民族在语言和文化上的独特性,试图消除不同语言在文化地位上的不平等,使翻译真正成为不同文化之间的对话与交流。例如,纸老虎 paper tiger,叩头 Kowtow,功夫 Kung Fu,炒面 chaw main。钱锺书的《围城》里有一句话是这样的:"忠厚老实人的恶毒,像饭里的沙砾或者出骨鱼片里未净的刺,会给人一种不期待的伤痛。"英文版的《围城》(*Fortress Besieged*)是这样翻译的,"The viciousness of a kind, simple-hearted soul, like gritty sand in rice or splinters in a deboned fish, can give a person unexpected pain."译文尊重原文的文化差异。以下再举几个例子:

李梅亭多喝了几杯酒,人全活过来,适才不过是立春时的爬虫,现在竟是端午左右的爬虫了。

译　文：After a few glasses of wine, Li Meiting had fully revived.Whereas before he had been an insect of early spring, now he was an insect of Dragon Boat Festival time.

李先生再有涵养工夫也忍不住了，冲出房道："猪猡！你骂谁？"阿福道："骂你这猪猡。"

译　文：Losing his patience, Li burst from his room, demanding, "You swine, whom are you cursing?" Ah Fu replied, "I'm cursing you, you swine."（translated by Jeanne Kelly & Nathan K）

无论是第一句话里的"像饭里的沙砾或者出骨鱼片里未净的刺"还是第二句中的"立春时的爬虫"，抑或第三句中的"猪猡"都是带有浓郁的中国文化特色的比喻，但译者并没有回避，而是直译了。好处和坏处都显而易见。过度归化的翻译忽略语言之间的差异性，使译文失去其源语本身的特色，读起来像译者所写而非原作者所写的；而过度异化的翻译则使得译文晦涩难懂，同样不利于文化的传播与交流。

实际上，归化和异化能够达成相对的统一。例如：

屋里呢，他越来越觉得虎妞像个母老虎。小屋里是那么热，憋气，再添上那个老虎，他一进去就仿佛要出不来气来。（《骆驼祥子》）

译文：Athome, Tigress seemed more andmore to live up to her name.The little room were hot and stifling, and with Tigress there he found them suffocating。

"越来越觉得虎妞像个母老虎"翻译成"live up to"，做了一下转换也是恰到好处的。我们可以想见，归化的翻译，因为其通俗易懂、易于传播的优势，还将长期受到普通读者、批评家和出版商的欢迎；与此同时，在国际政治、经济、文化交流日益频繁的今天，随着各国人民受教育程度的普遍提高和互相之间了解认识的不断加深，异化的翻译不仅将被越来越多的读者所接受，而且将在促进不同文化的交流与融合、保护世界文化多样性的方面，发挥更积极的作用。

四、译文欣赏

上邪！

我欲与君相知，

长命无决衰。

山无棱，

江水为竭，

冬雷震震，

夏雨雪，

天地合，

乃敢与君绝！

[译文]

Oh heaven high!

I will love him,

Forever till I die.

Till mountains crumble,

Rivers run dry.

In winter thunder rumbles,

In summer snow fall far and high,

And the earth mingle with the skies,

Not till then will my love die.

我最大的爱好是沉思默想。我可以一个人长时间地独处而感到愉快。独享欢乐是一种愉快，独自忧伤也是一种愉快。孤独的时候，精神不会是一片纯粹的空白，它仍然是一个丰富多彩的世界。情绪上的大欢乐和大悲痛往往都是在孤独中产生的。孤独中，思维可以不依照逻辑进行。孤独更多地产生人生的诗情——激昂的和伤感的。孤独可以使人的思想向更遥远更深邃的地方伸展,也能使你对自己或环境作更透彻的认识和检讨。

[译文] My greatest avocation is musing. I can stay by myself for a long time without feeling disconsolate in the least.Happiness enjoyed alone is a pleasure, so is sorrow tasted privately. In solitude, the mind is not a complete blank; it remains a rich and colorful world.Solitude often induces ecstasy or anguish, and allows thinking to wander in a random way.She inspires the mood for poems, passionate or pathetic.She also enables people to think further and deeper and to have amore thorough understanding and examination of themselves and their environment.

可是我却哭了。哭那陌生的但却疼爱我的卖灶糖(candy)的老汉。后来我常想,他为什么疼爱我呢?无非我是个贪吃的、因为丑陋而又少人疼爱的吧。等我长大以后,总感到除了母亲,再没有谁能够像他那样朴素地疼爱过我——没有任何希求,也没有任何企望的。我常常想念他,也常常想要找到我那个像猪肚子一样的烟荷包。可是,它早已不知被我丢到哪里去了。

[译文] But I cried for the strange old candy peddler who had been so fond of me.Later on, I wondered why. For no other reason than that I was a foolish little thing who loved candy, with few to love me because of my plain face. When I glow up, I could never forget that apart from my own mother, no one had loved me so fondly and so disinterestedly, with no expectation swhatever. I often think of him now, and have tried to find that tobacco pouch that had looked like a piece of pork liver. But I don't know what became of it.

第七章 翻译工作者的职责和修养

同一民族的人，一般使用本民族的语言来达到相互交往、交流的目的。不同民族的人往往使用不同的语言，所以他们要相互交往、相互了解往往就得有一个桥梁，这个桥梁就是翻译。翻译是人类的一种实践活动，是用一种语言将另一种语言表达出来的实践活动。翻译是人类很重要的一种交际工具，是促进政治、经济、文化、科学、技术和军事交流的工具，也是人类进行斗争的一种武器。翻译既然是人类的一种实践活动，那么也就必然存在一个理论与实践的关系问题。真正的翻译理论，只能来源于翻译实践，反过来又指导实践，为翻译实践服务，所以理论的正确与否，也在实践中受到检验。翻译理论若不以实践为基础，就会成为空中楼阁、纸上谈兵，毫无用途。另外，翻译实践若不以翻译理论为指导，必然会走许多弯路。

第一节 对翻译工作者的要求

第一，要有正确的立场和观点。

如上所述，翻译是一种交际工具，是一种武器，不是为翻译而翻译。只有树立了正确的立场和观点，才能使翻译工作更好地为国际交流服务，为祖国建设服务。

第二，要有刻苦的精神和严肃认真的工作态度。

搞翻译是一件很艰苦的事情，中国人搞汉英翻译尤为如此。鲁迅说："极平常的构思，也往往会给实践打破。我总以为翻译比创作容易，至少无须构想。但真正的搞翻译，就会遇到困难，比如某一个名词或动词，写不出来时，创作的时候可以回避，翻译可不成，一直弄到头晕眼花，好像在脑子里磨一个要给予打开箱的钥匙一样。"可见翻译并非一件容易的事，必须有刻苦的精神和严肃认真的态度。有时一字之差可以闹出笑话，甚至会出大乱子，给国家和人民造成损失。

第三，要有较高的汉语水平。

要精通原作，才能开始翻译，精通原作是翻译的前提。要精通原作，除了必须有较高的政治水平和思想觉悟外，还必须学好原作所用的语言。对汉英翻译来说，就是必须较好地掌握汉语，因为原文的思想感情是通过语言体现出来的，因此学好汉语是翻译必不可少的条件之一。

第四，要有较高的英语水平。

无论汉译英还是英译汉，都必须有较高的英语水平，汉英翻译尤为如此。对汉英翻译来说，中国人对原作的理解一般不会有什么问题，真正的问题在于我们的英语水平。也许可以这么说：如果一个人的英语水平低，别的条件都具备，它只不过具备了翻译条件的30%，还是不能从事翻译的；反之，如果一个人的英语水平较高，那么它具备了翻译条件的70%，也就是说英语水平是搞好翻译的关键。要搞好汉译英，就必须在英语方面下功夫。

要学会英语的各种表达方法，要广泛地阅读，经常做英语写作练习，要熟悉当代文学、应用文和政论文等不同文体所使用的不同表达方式，经常进行听说练习，培养语感。如果没有语感，自己觉得蛮通顺，英美人却觉得不顺耳。汉英翻译绝不是字典和文法的儿子，不能字对字、词对词、句对句地翻译。理解了原文的意思之后，要忘掉汉语，用英语去思维，然后用英语的惯用法去表达。译文要准确、鲜明、生动，要传神，要保持原作风姿，这就要求我们平时刻苦学习，经常进行训练，努力提高英语水平。

第五，要掌握一定的专业知识和丰富的文化知识。

要搞好翻译，还必须有一定的专业知识。不了解所译文章所属专业，就搞不清原文的全部意义，也就根本谈不上翻译。即使大致从汉语的角度理解了所译文章的内容，如果不知道英语中的专业词汇的基本用法，翻译出来的东西要么不准确，要么废话连篇，甚至会使读者看不懂或引起误解。

另外，我们还要了解英美等国家的历史、地理、风土人情、文化传统。只有这样才能使译文容易让读者接受，才能使译文与读者缩短距离，使译文准确、通顺、明白无误。周恩来总理说过："英语遍天下，翻译是桥梁。一辈子都可以搞，要把基本功搞好。不要骄傲，非下苦功夫不可，要练基本功。基本功包括三个方面：政治思想，语言本身，各种文化知识。"可见掌握好各种文化知识也是搞好翻译的基本条件之一。

第六，学习翻译理论，经常进行翻译实践。

翻译理论存在于翻译实践中，它们之间是"一种互动关系，互为依存，互为发展，互为促进和互为丰富"。翻译实践需要有理论做指导。同时，人们把长期翻译实践得出的宝贵经验加以总结，使之上升总结成翻译理论，并使理论得到不断的丰富和发展，然后，理论反过来又进一步指导实践。作为一名合格的翻译，我们只有不断的学习翻译理论，进行翻译实践才能够提高我们的翻译水平。

第二节　翻译工作者的职责

像其他部门的劳动者一样，翻译工作者也有自己的职业道德。翻译工作者的职业道德就是忠于生活，忠于读者，忠于作者。这是翻译工作者为民族服务、为社会服务的政治方向在翻译领域的具体体现。是否真实地反映一定的社会生活，这是衡量文学创作的艺术价值的主要标准；是否真实地反映原作中作为一定社会生活之映像的艺术意境，这是衡量文学译品的艺术价值的主要标准，因此翻译工作者首先必须忠于生活,绝不能违反生活真实。当代的读者是翻译工作者服务的对象,因此翻译工作者也必须忠于读者。他们必须了解当代读者的要求、需要、心理、艺术爱好和文化修养,然后才能更好地为读者服务。

最后,翻译工作者还必须忠于作者。从美学上讲,译本和原著当然不是一回事,译本永远是译本,原著永远是原著,因为译本中永远包含着译者自己的面貌和形象。但是,译本毕竟是以原著的名义向读者呼吁的,在读者的心目中译本就是原著。译本之于原著,犹如哪吒的法身之于哪吒的原身。哪吒太子虽然剔骨还父,割肉还母,并经太乙真人大施法力,点化成莲花化身,但是哪吒太子应该还是哪吒太子,精神姿态应该依然故我。如果译本只是原著的滑稽图案,那岂不是会使读者大失所望?我们岂不是既对不起读者,也对不起作者?所以,为了对读者负责,翻译工作者应尽可能还原著一个本来面貌。说译者可以百分之百还原著一个本来风貌,那是英雄欺人语,事实上办不到。但是,百分之九十怎么样?百分之八怎么样?

忠于生活、忠于读者、忠于作者三者基本上是一致的。但是,有时三者之间也会出现一些矛盾,在这种情况下,应该怎么办呢?在忠于作者和忠于生活有一定矛盾的时候,我们应该尊重原作者对世界和生活的独特理解和感受。

第三节 翻译工作者的修养

第一,翻译工作者必须具备先进的世界观,然后才有可能全面正确地分析作品所反映的时代、社会和生活,从而真实地再现原作中的生活映像。

第二,翻译者应该有强烈的事业心,把翻译工作当作自己毕生的事业,严肃认真,精益求精。

第三,翻译者应当有认真细致、一丝不苟的工作作风。

第四,翻译者应当有丰富的生活经验。茅盾说:"译者自己的生活经历和生活体验愈丰富，对于不同国家和不同时代的生活也愈容易体会和了解。更多地体验各色各样的生活，对于翻译这是非常重要的。特别是根据原作所表现的生活，在译者自己可以接触的类似的生活中求体验，好像演员要表现剧中的生活，到同样的生活中找求体验一样，是很必要而且应该尽可能去做的。"

第五，翻译者应该精通原文语言，懂得原文语言的精细微妙之处。

第六，翻译者更应该精通译文语言，并有相当的写作能力。

第七，翻译者应该有高度的艺术修养，高尚的艺术趣味，锐敏的艺术直觉及丰富的想象力和联想能力，尤其要有热烈的同情心和共鸣力。

第八，翻译者应该有严密的逻辑思维能力。

第九，翻译者应该对作品和作者有一定的研究，了解作品的风格和时代背景，了解作者的生平、思想和创作特点，最好把翻译工作和研究结合起来。

第十，翻译者要有广博的知识，即所谓"杂学"，上至天文地理，下至各国的风土人情，都要有一些了解。在实际翻译过程中，遇到自己所不了解的名人名言、成语典故、风俗习惯、典章文物、文坛轶事、艺坛掌故、机械器皿、动物植物等，都要细心研究，多查多问，务必弄清而后下笔，以免闹出笑话。

参考文献

[1] 陈莹, 吴倩, 李红云. 英语翻译与文化视角 [M]. 长春: 吉林人民出版社, 2020.

[2] 樊洁, 崔琼, 单云. 语言学与英语翻译教学研究 [M]. 长春: 吉林人民出版社, 2021.

[3] 侯晓丹, 刘亮, 蒙玉鸾. 新时期英语翻译教学方法与策略 [M]. 长春: 吉林人民出版社, 2019.

[4] 胡敏, 蒋甜甜, 李瑶. 大学英语翻译教程 [M]. 长春: 吉林人民出版社, 2021.

[5] 黄俐, 胡蓉艳, 吴可佳. 英语翻译与教学实践创新研究 [M]. 成都: 电子科技大学出版社, 2017.

[6] 解晶晶. 文化差异背景下的英语翻译研究 [M]. 郑州: 河南人民出版社, 2019.

[7] 林晓莉, 于玲, 刘春静. 英语翻译多维视角新探研究 [M]. 长春: 吉林人民出版社, 2021.

[8] 马予华, 陈梅影, 林桂红. 英语翻译与文化交融 [M]. 长春: 吉林人民出版社, 2017.

[9] 任玲玲, 张婷婷. 高校英语翻译有效教学研究 [M]. 长春: 吉林人民出版社, 2020.

[10] 唐昊, 徐剑波, 李昶作. 跨文化背景下英语翻译理论研究与实践探索 [M]. 长春: 吉林人民出版社, 2020.

[11] 佟丽莉. 语言学与英语翻译教学的多维度探析 [M]. 西安：陕西科学技术出版社，2020.

[12] 王珍珠. 功能翻译理论下的英语翻译研究 [M]. 长春：吉林人民出版社，2020.

[13] 吴丹，洪翱宙，王静. 英语翻译与教学实践 [M]. 长春：吉林人民出版社，2017.

[14] 杨馨，朱彦臻，田申. 英语翻译理论与方法研究 [M]. 长春：吉林人民出版社，2019.

[15] 张富庄，董丽. 当代高校英语翻译教学研究 [M]. 长春：吉林人民出版社，2019.

[16] 张丽莉. 英语翻译理论研究与实践 [M]. 长春：吉林人民出版社，2020.

[17] 朱燕，闵西鸿，赵娟. 英语翻译理论与技巧研究 [M]. 长春：吉林人民出版社，2021.